ELS VERBS CONJUGATS

Pompeu Fabra, 18

Joan Baptista Xuriguera

ELS
VERBS
CONJUGATS

+claret

EDITORIAL

Catorzena edició

© Joan Baptista Xuriguera

© Editorial Claret, SLU
  Roger de Llúria, 5 – 08010 Barcelona
  Tel.: 933 010 062 – Fax: 933 174 830
  www.editorialclaret.cat – editorial@claret.cat

ISBN: 978-84-8297-893-2, sisena edició, revisada i corregida
(ISBN: 978-84-8297-757-7, quarta edició, revisada i corregida)
(ISBN: 978-84-8297-577-1, primera edició)
Dipòsit legal: B-38.497-2010
Juny 2014

Imprès a Agpograf – Barcelona

Nota introductòria

Teniu a les mans un llibre de consulta ràpida de la conjugació dels verbs catalans. Qualsevol dubte que se us presenti sobre qualsevol verb, el podreu resoldre amb aquest petit llibret. Com? Consulteu en l'índex de verbs el verb que us interessi; el número del costat us remet al verb model segons el qual es conjuga. Només cal que feu la comparació entre el verb que busqueu i el seu model i ja tindreu el dubte resolt.

Per exemple, voleu saber el participi passat de *desoir*. Busqueu-lo a l'índex. Veureu que us remet a *oir 84*. Aneu a la pàgina 84, on trobareu la conjugació de *oir*. Feu la comparació, i sabreu que és *desoït*.

Hem procurat que els 120 models de conjugació d'aquest manual reflecteixin totes les variacions possibles (d'acord amb la forma més estesa) que podem trobar en la flexió verbal, sense haver d'acudir a notes a peu de pàgina.

L'índex d'aquesta edició d'ELS VERBS CONJUGATS (més de 8.800 verbs) inclou tots els verbs continguts en el Diccionari de l'Institut d'Estudis Catalans, el diccionari normatiu de la llengua catalana.

Editorial Claret

Índex de quadres de conjugacions

Quadres
de conjugacions

1 ABSOLDRE

INDICATIU

Present		Perfet	
absolc		he	absolt
absols		has	absolt
absol		ha	absolt
absolem		hem	absolt
absoleu		heu	absolt
absolen		han	absolt

Imperfet		Plusquamperfet	
absolia		havia	absolt
absolies		havies	absolt
absolia		havia	absolt
absolíem		havíem	absolt
absolíeu		havíeu	absolt
absolien		havien	absolt

Passat simple		Passat anterior	
absolguí		haguí	absolt
absolgueres		hagueres	absolt
absolgué		hagué	absolt
absolguérem		haguérem	absolt
absolguéreu		haguéreu	absolt
absolgueren		hagueren	absolt

Passat perifràstic		Passat anterior perifràstic	
vaig	absoldre	vaig haver	absolt
vas (vares)	absoldre	vas (vares) haver	absolt
va	absoldre	va haver	absolt
vam (vàrem)	absoldre	vam (vàrem) haver	absolt
vau (vàreu)	absoldre	vau (vàreu) haver	absolt
van (varen)	absoldre	van (varen) haver	absolt

Futur		Futur perfet	
absoldré		hauré	absolt
absoldràs		hauràs	absolt
absoldrà		haurà	absolt
absoldrem		haurem	absolt
absoldreu		haureu	absolt
absoldran		hauran	absolt

Condicional
absoldria
absoldries
absoldria
absoldríem
absoldríeu
absoldrien

Condicional perfet
hauria (haguera)   absolt
hauries (hagueres)   absolt
hauria (haguera)   absolt
hauríem (haguérem)   absolt
hauríeu (haguéreu)   absolt
haurien (hagueren)   absolt

SUBJUNTIU

Present
absolgui
absolguis
absolgui
absolguem
absolgueu
absolguin

Perfet
hagi   absolt
hagis   absolt
hagi   absolt
hàgim   absolt
hàgiu   absolt
hagin   absolt

Imperfet
absolgués
absolguessis
absolgués
absolguéssim
absolguéssiu
absolguessin

Plusquamperfet
hagués   absolt
haguessis   absolt
hagués   absolt
haguéssim   absolt
haguéssiu   absolt
haguessin   absolt

IMPERATIU

—   absolguem
absol   absoleu
absolgui   absolguin

Formes no personals

Infinitiu
absoldre
Perfet: haver absolt

Participi
absolt
absolta
absolts
absoltes

Gerundi
absolent
Perfet: havent absolt

INDICATIU

Present		Perfet	
admeto		he	admès
admets		has	admès
admet		ha	admès
admetem		hem	admès
admeteu		heu	admès
admeten		han	admès

Imperfet		Plusquamperfet	
admetia		havia	admès
admeties		havies	admès
admetia		havia	admès
admetíem		havíem	admès
admetíeu		havíeu	admès
admetien		havien	admès

Passat simple		Passat anterior	
admetí		haguí	admès
admeteres		hagueres	admès
admeté		hagué	admès
admetérem		haguérem	admès
admetéreu		haguéreu	admès
admeteren		hagueren	admès

Passat perifràstic		Passat anterior perifràstic	
vaig	admetre	vaig haver	admès
vas (vares)	admetre	vas (vares) haver	admès
va	admetre	va haver	admès
vam (vàrem)	admetre	vam (vàrem) haver	admès
vau (vàreu)	admetre	vau (vàreu) haver	admès
van (varen)	admetre	van (varen) haver	admès

Futur		Futur perfet	
admetré		hauré	admès
admetràs		hauràs	admès
admetrà		haurà	admès
admetrem		haurem	admès
admetreu		haureu	admès
admetran		hauran	admès

Condicional	Condicional perfet	
admetria	hauria (haguera)	admès
admetries	hauries (hagueres)	admès
admetria	hauria (haguera)	admès
admetríem	hauríem (haguérem)	admès
admetríeu	hauríeu (haguéreu)	admès
admetrien	haurien (hagueren)	admès

SUBJUNTIU

Present	Perfet	
admeti	hagi	admès
admetis	hagis	admès
admeti	hagi	admès
admetem	hàgim	admès
admeteu	hàgiu	admès
admetin	hagin	admès

Imperfet	Plusquamperfet	
admetés	hagués	admès
admetessis	haguessis	admès
admetés	hagués	admès
admetéssim	haguéssim	admès
admetéssiu	haguéssiu	admès
admetessin	haguessin	admès

IMPERATIU

—	admetem
admet	admeteu
admeti	admetin

Formes no personals

Infinitiu	Participi
admetre	admès
Perfet: haver admès	admesa
	admesos
	admeses

Gerundi

admetent
Perfet: havent admès

INDICATIU

Present	Perfet	
agraeixo	he	agraït
agraeixes	has	agraït
agraeix	ha	agraït
agraïm	hem	agraït
agraïu	heu	agraït
agraeixen	han	agraït

Imperfet	Plusquamperfet	
agraïa	havia	agraït
agraïes	havies	agraït
agraïa	havia	agraït
agraíem	havíem	agraït
agraíeu	havíeu	agraït
agraïen	havien	agraït

Passat simple	Passat anterior	
agraí	haguí	agraït
agraïres	hagueres	agraït
agraí	hagué	agraït
agraírem	haguérem	agraït
agraíreu	haguéreu	agraït
agraïren	hagueren	agraït

Passat perifràstic		Passat anterior perifràstic	
vaig	agrair	vaig haver	agraït
vas (vares)	agrair	vas (vares) haver	agraït
va	agrair	va haver	agraït
vam (vàrem)	agrair	vam (vàrem) haver	agraït
vau (vàreu)	agrair	vau (vàreu) haver	agraït
van (varen)	agrair	van (varen) haver	agraït

Futur	Futur perfet	
agrairé	hauré	agraït
agrairàs	hauràs	agraït
agrairà	haurà	agraït
agrairem	haurem	agraït
agraireu	haureu	agraït
agrairan	hauran	agraït

Condicional

agrairia
agrairies
agrairia
agrairíem
agrairíeu
agrairien

Condicional perfet

hauria	(haguera)	agraït
hauries	(hagueres)	agraït
hauria	(haguera)	agraït
hauríem	(haguérem)	agraït
hauríeu	(haguéreu)	agraït
haurien	(hagueren)	agraït

SUBJUNTIU

Present

agraeixi
agraeixis
agraeixi
agraïm
agraïu
agraeixin

Perfet

hagi	agraït
hagis	agraït
hagi	agraït
hàgim	agraït
hàgiu	agraït
hagin	agraït

Imperfet

agraís
agraïssis
agraís
agraíssim
agraíssiu
agraïssin

Plusquamperfet

hagués	agraït
haguessis	agraït
hagués	agraït
haguéssim	agraït
haguéssiu	agraït
haguessin	agraït

IMPERATIU

—	agraïm
agraeix	agraïu
agraeixi	agraeixin

Formes no personals

Infinitiu

agrair
Perfet: haver agraït

Gerundi

agraint
Perfet: havent agraït

Participi

agraït
agraïda
agraïts
agraïdes

4 AGUAR

■ INDICATIU

Present		Perfet	
agúo		he	aguat
agúes		has	aguat
agúa		ha	aguat
agüem		hem	aguat
agüeu		heu	aguat
agúen		han	aguat

Imperfet		Plusquamperfet	
aguava		havia	aguat
aguaves		havies	aguat
aguava		havia	aguat
aguàvem		havíem	aguat
aguàveu		havíeu	aguat
aguaven		havien	aguat

Passat simple		Passat anterior	
agüí		haguí	aguat
agüares		hagueres	aguat
aguà		hagué	aguat
aguàrem		haguérem	aguat
aguàreu		haguéreu	aguat
aguaren		hagueren	aguat

Passat perifràstic		Passat anterior perifràstic	
vaig	aguar	vaig haver	aguat
vas (vares)	aguar	vas (vares) haver	aguat
va	aguar	va haver	aguat
vam (vàrem)	aguar	vam (vàrem) haver	aguat
vau (vàreu)	aguar	vau (vàreu) haver	aguat
van (varen)	aguar	van (varen) haver	aguat

Futur		Futur perfet	
aguaré		hauré	aguat
aguaràs		hauràs	aguat
aguarà		haurà	aguat
aguarem		haurem	aguat
aguareu		haureu	aguat
aguaran		hauran	aguat

Condicional

aguaria
aguaries
aguaria
aguaríem
aguaríeu
aguarien

Condicional perfet

hauria (haguera) aguat
hauries (hagueres) aguat
hauria (haguera) aguat
hauríem (haguérem) aguat
hauríeu (haguéreu) aguat
haurien (hagueren) aguat

SUBJUNTIU

Present

agúi
agúis
agúi
agüem
agüeu
agúin

Perfet

hagi aguat
hagis aguat
hagi aguat
hàgim aguat
hàgiu aguat
hagin aguat

Imperfet

agüés
agüessis
agüés
agüéssim
agüéssiu
agüessin

Plusquamperfet

hagués aguat
haguessis aguat
hagués aguat
haguéssim aguat
haguéssiu aguat
haguessin aguat

IMPERATIU

—	agüem
aguá	agüeu
agúi	agúin

Formes no personals

Infinitiu

aguar
Perfet: haver aguat

Gerundi

aguant
Perfet: havent aguat

Participi

aguat
aguada
aguats
aguades

INDICATIU

Present	Perfet	
ajupo	he	ajupit
ajups	has	ajupit
ajup	ha	ajupit
ajupim	hem	ajupit
ajupiu	heu	ajupit
ajupen	han	ajupit

Imperfet	Plusquamperfet	
ajupia	havia	ajupit
ajupies	havies	ajupit
ajupia	havia	ajupit
ajupíem	havíem	ajupit
ajupíeu	havíeu	ajupit
ajupien	havien	ajupit

Passat simple	Passat anterior	
ajupí	haguí	ajupit
ajupires	hagueres	ajupit
ajupí	hagué	ajupit
ajupírem	haguérem	ajupit
ajupíreu	haguéreu	ajupit
ajupiren	hagueren	ajupit

Passat perifràstic	Passat anterior perifràstic	
vaig ajupir	vaig haver ajupit
vas (vares) ajupir	vas (vares) haver ajupit
va ajupir	va haver ajupit
vam (vàrem) ajupir	vam (vàrem) haver ajupit
vau (vàreu) ajupir	vau (vàreu) haver ajupit
van (varen) ajupir	van (varen) haver ajupit

Futur	Futur perfet	
ajupiré	hauré	ajupit
ajupiràs	hauràs	ajupit
ajupirà	haurà	ajupit
ajupirem	haurem	ajupit
ajupireu	haureu	ajupit
ajupiran	hauran	ajupit

Condicional	*Condicional perfet*	
ajupiria	hauria (haguera)	ajupit
ajupiries	hauries (hagueres)	ajupit
ajupiria	hauria (haguera)	ajupit
ajupiríem	hauríem (haguérem)	ajupit
ajupiríeu	hauríeu (haguéreu)	ajupit
ajupirien	haurien (hagueren)	ajupit

▪ SUBJUNTIU

Present	*Perfet*	
ajupi	hagi	ajupit
ajupis	hagis	ajupit
ajupi	hagi	ajupit
ajupim	hàgim	ajupit
ajupiu	hàgiu	ajupit
ajupin	hagin	ajupit

Imperfet	*Plusquamperfet*	
ajupís	hagués	ajupit
ajupissis	haguessis	ajupit
ajupís	hagués	ajupit
ajupíssim	haguéssim	ajupit
ajupíssiu	haguéssiu	ajupit
ajupissin	haguessin	ajupit

▪ IMPERATIU

—	ajupim
ajup	ajupiu
ajupi	ajupin

Formes no personals

Infinitiu	*Participi*
ajupir	ajupit
Perfet: haver ajupit	ajupida
	ajupits
Gerundi	ajupides
ajupint	
Perfet: havent ajupit	

Formes personals

INDICATIU

Present	Perfet	
vaig	he	anat
vas	has	anat
va	ha	anat
anem	hem	anat
aneu	heu	anat
van	han	anat

Imperfet	Plusquamperfet	
anava	havia	anat
anaves	havies	anat
anava	havia	anat
anàvem	havíem	anat
anàveu	havíeu	anat
anaven	havien	anat

Passat simple	Passat anterior	
aní	haguí	anat
anares	hagueres	anat
anà	hagué	anat
anàrem	haguérem	anat
anàreu	haguéreu	anat
anaren	hagueren	anat

Passat perifràstic		Passat anterior perifràstic	
vaig	anar	vaig haver	anat
vas (vares)	anar	vas (vares) haver	anat
va	anar	va haver	anat
vam (vàrem)	anar	vam (vàrem) haver	anat
vau (vàreu)	anar	vau (vàreu) haver	anat
van (varen)	anar	van (varen) haver	anat

Futur	Futur perfet	
aniré	hauré	anat
aniràs	hauràs	anat
anirà	haurà	anat
anirem	haurem	anat
anireu	haureu	anat
aniran	hauran	anat

Condicional

- aniria
- aniries
- aniria
- aniríem
- aniríeu
- anirien

Condicional perfet

- hauria (haguera) anat
- hauries (hagueres) anat
- hauria (haguera) anat
- hauríem (haguérem) anat
- hauríeu (haguéreu) anat
- haurien (hagueren) anat

SUBJUNTIU

Present

- vagi
- vagis
- vagi
- anem
- aneu
- vagin

Perfet

- hagi anat
- hagis anat
- hagi anat
- hàgim anat
- hàgiu anat
- hagin anat

Imperfet

- anés
- anessis
- anés
- anéssim
- anéssiu
- anessin

Plusquamperfet

- hagués anat
- haguessis anat
- hagués anat
- haguéssim anat
- haguéssiu anat
- haguessin anat

IMPERATIU

—	anem
vés	aneu
vagi	vagin

Formes no personals

Infinitiu

- anar
- *Perfet:* haver anat

Gerundi

- anant
- *Perfet:* havent anat

Participi

- anat
- anada
- anats
- anades

▪ INDICATIU

Present		Perfet	
apareixo (*o* aparec)		he	aparegut
apareixes		has	aparegut
apareix		ha	aparegut
apareixem		hem	aparegut
apareixeu		heu	aparegut
apareixen		han	aparegut

Imperfet		Plusquamperfet	
apareixia		havia	aparegut
apareixies		havies	aparegut
apareixia		havia	aparegut
apareixíem		havíem	aparegut
apareixíeu		havíeu	aparegut
apareixien		havien	aparegut

Passat simple		Passat anterior	
apareguí		haguí	aparegut
aparegueres		hagueres	aparegut
aparegué		hagué	aparegut
apareguérem		haguérem	aparegut
apareguéreu		haguéreu	aparegut
aparegueren		hagueren	aparegut

Passat perifràstic		Passat anterior perifràstic	
vaig	aparèixer	vaig haver	aparegut
vas (vares)	aparèixer	vas (vares) haver	aparegut
va	aparèixer	va haver	aparegut
vam (vàrem)	aparèixer	vam (vàrem) haver	aparegut
vau (vàreu)	aparèixer	vau (vàreu) haver	aparegut
van (varen)	aparèixer	van (varen) haver	aparegut

Futur		Futur perfet	
apareixeré		hauré	aparegut
apareixeràs		hauràs	aparegut
apareixerà		haurà	aparegut
apareixerem		haurem	aparegut
apareixereu		haureu	aparegut
apareixeran		hauran	aparegut

Condicional
apareixeria
apareixeries
apareixeria
apareixeríem
apareixeríeu
apareixerien

Condicional perfet
hauria (haguera)   aparegut
hauries (hagueres)   aparegut
hauria (haguera)   aparegut
hauríem (haguérem)   aparegut
hauríeu (haguéreu)   aparegut
haurien (hagueren)   aparegut

SUBJUNTIU

Present
aparegui
apareguis
aparegui
apareguem
aparegueu
apareguin

Perfet
hagi   aparegut
hagis   aparegut
hagi   aparegut
hàgim   aparegut
hàgiu   aparegut
hagin   aparegut

Imperfet
aparegués
apareguessis
aparegués
apareguéssim
apareguéssiu
apareguessin

Plusquamperfet
hagués   aparegut
haguessis aparegut
hagués   aparegut
haguéssim aparegut
haguéssiu aparegut
haguessin aparegut

IMPERATIU

—   apareguem
apareix   apareixeu
aparegui   apareguin

Formes no personals

Infinitiu
aparèixer
Perfet: haver aparegut

Gerundi
apareixent
Perfet: havent aparegut

Participi
aparegut
apareguda
apareguts
aparegudes

Formes personals

INDICATIU

Present	Perfet	
aprenc	he	après
aprens	has	après
aprèn	ha	après
aprenem	hem	après
apreneu	heu	après
aprenen	han	après

Imperfet	Plusquamperfet	
aprenia	havia	après
aprenies	havies	après
aprenia	havia	après
apreníem	havíem	après
apreníeu	havíeu	après
aprenien	havien	après

Passat simple	Passat anterior	
aprenguí	haguí	després
aprengueres	hagueres	després
aprengué	hagué	després
aprenguérem	haguérem	després
aprenguéreu	haguéreu	després
aprengueren	hagueren	després

Passat perifràstic

vaig	aprendre	
vas (vares)	aprendre	
va	aprendre	
vam (vàrem)	aprendre	
vau (vàreu)	aprendre	
van (varen)	aprendre	

Passat anterior perifràstic

vaig haver		après
vas (vares) haver		après
va haver		après
vam (vàrem) haver		après
vau (vàreu) haver		après
van (varen) haver		après

Futur	Futur perfet	
aprendré	hauré	après
aprendràs	hauràs	après
aprendrà	haurà	après
aprendrem	haurem	après
aprendreu	haureu	après
aprendran	hauran	après

Condicional
aprendria
aprendries
aprendria
aprendríem
aprendríeu
aprendrien

Condicional perfet
hauria (haguera) après
hauries (hagueres) après
hauria (haguera) après
hauríem (haguérem) après
hauríeu (haguéreu) après
haurien (hagueren) après

SUBJUNTIU

Present
aprengui
aprenguis
aprengui
aprenguem
aprengueu
aprenguin

Perfet
hagi après
hagis après
hagi après
hàgim après
hàgiu après
hagin après

Imperfet
aprengués
aprenguessis
aprengués
aprenguéssim
aprenguéssiu
aprenguessin

Plusquamperfet
hagués après
haguessis après
hagués après
haguéssim après
haguéssiu après
haguessin après

IMPERATIU

—   aprenguem
aprèn   apreneu
aprengui   aprenguin

Formes no personals

Infinitiu
aprendre
Perfet: haver après

Participi
après
apresa
apresos
apreses

Gerundi
aprenent
Perfet: havent après

INDICATIU

Present		Perfet	
argüeixo		he	argüit
argüeixes		has	argüit
argüeix		ha	argüit
argüim		hem	argüit
argüiu		heu	argüit
argüeixen		han	argüit

Imperfet		Plusquamperfet	
argüia		havia	argüit
argüies		havies	argüit
argüia		havia	argüit
argüíem		havíem	argüit
argüíeu		havíeu	argüit
argüien		havien	argüit

Passat simple		Passat anterior	
argüí		haguí	argüit
argüires		hagueres	argüit
argüí		hagué	argüit
argüírem		haguérem	argüit
argüíreu		haguéreu	argüit
argüiren		hagueren	argüit

Passat perifràstic		Passat anterior perifràstic	
vaig	argüir	vaig haver	argüit
vas (vares)	argüir	vas (vares) haver	argüit
va	argüir	va haver	argüit
vam (vàrem)	argüir	vam (vàrem) haver	argüit
vau (vàreu)	argüir	vau (vàreu) haver	argüit
van (varen)	argüir	van (varen) haver	argüit

Futur		Futur perfet	
argüiré		hauré	argüit
argüiràs		hauràs	argüit
argüirà		haurà	argüit
argüirem		haurem	argüit
argüireu		haureu	argüit
argüiran		hauran	argüit

Condicional

argüiria
argüiries
argüiria
argüiríem
argüiríeu
argüirien

Condicional perfet

hauria (haguera)	argüit
hauries (hagueres)	argüit
hauria (haguera)	argüit
hauríem (haguérem)	argüit
hauríeu (haguéreu)	argüit
haurien (hagueren)	argüit

SUBJUNTIU

Present

argüeixi
argüeixis
argüeixi
argüim
argüiu
argüeixin

Perfet

hagi	argüit
hagis	argüit
hagi	argüit
hàgim	argüit
hàgiu	argüit
hagin	argüit

Imperfet

argüís
argüíssis
argüís
argüíssim
argüíssiu
argüíssin

Plusquamperfet

hagués	argüit
haguessis	argüit
hagués	argüit
haguéssim	argüit
haguéssiu	argüit
haguessin	argüit

IMPERATIU

—	argüim
argüeix	argüiu
argüeixi	argüeixin

Formes no personals

Infinitiu

argüir
Perfet: haver argüit

Gerundi

argüint
Perfet: havent argüit

Participi

argüit
argüida
argüits
argüides

Formes personals

INDICATIU

Present		Perfet	
atenc		he	atès
atens		has	atès
atén		ha	atès
atenem		hem	atès
ateneu		heu	atès
atenen		han	atès

Imperfet		Plusquamperfet	
atenia		havia	atès
atenies		havies	atès
atenia		havia	atès
ateníem		havíem	atès
ateníeu		havíeu	atès
atenien		havien	atès

Passat simple		Passat anterior	
atenguí		haguí	atès
atengueres		hagueres	atès
atengué		hagué	atès
atenguérem		haguérem	atès
atenguéreu		haguéreu	atès
atengueren		hagueren	atès

Passat perifràstic		Passat anterior perifràstic		
vaig	atendre	vaig haver	atès
vas (vares)	atendre	vas (vares) haver	atès
va	atendre	va haver	atès
vam (vàrem)	atendre	vam (vàrem) haver	atès
vau (vàreu)	atendre	vau (vàreu) haver	atès
van (varen)	atendre	van (varen) haver	atès

Futur		Futur perfet	
atendré		hauré	atès
atendràs		hauràs	atès
atendrà		haurà	atès
atendrem		haurem	atès
atendreu		haureu	atès
atendran		hauran	atès

Condicional
atendria
atendries
atendria
atendríem
atendríeu
atendrien

Condicional perfet
hauria (haguera) atès
hauries (hagueres) atès
hauria (haguera) atès
hauríem (haguérem) atès
hauríeu (haguéreu) atès
haurien (hagueren) atès

SUBJUNTIU

Present
atengui
atenguis
atengui
atenguem
atengueu
atenguin

Perfet
hagi atès
hagis atès
hagi atès
hàgim atès
hàgiu atès
hagin atès

Imperfet
atengués
atenguessis
atengués
atenguéssim
atenguéssiu
atenguessin

Plusquamperfet
hagués atès
haguessis atès
hagués atès
haguéssim atès
haguéssiu atès
haguessin atès

IMPERATIU

—   atenguem
atén   ateneu
atengui   atenguin

Formes no personals

Infinitiu
atendre
Perfet: haver atès

Participi
atès
atesa
atesos
ateses

Gerundi
atenent
Perfet: havent atès

■ INDICATIU

Present		*Perfet*	
atenyo		he	atès
atenys		has	atès
ateny		ha	atès
atenyem		hem	atès
atenyeu		heu	atès
atenyen		han	atès

Imperfet		*Plusquamperfet*	
atenyia		havia	atès
atenyies		havies	atès
atenyia		havia	atès
atenyíem		havíem	atès
atenyíeu		havíeu	atès
atenyien		havien	atès

Passat simple		*Passat anterior*	
atenyí		haguí	atès
atenyeres		hagueres	atès
atenyé		hagué	atès
atenyérem		haguérem	atès
atenyéreu		haguéreu	atès
atenyeren		hagueren	atès

Passat perifràstic		*Passat anterior perifràstic*	
vaig	atènyer	vaig haver	atès
vas (vares)	atènyer	vas (vares) haver	atès
va	atènyer	va haver	atès
vam (vàrem)	atènyer	vam (vàrem) haver	atès
vau (vàreu)	atènyer	vau (vàreu) haver	atès
van (varen)	atènyer	van (varen) haver	atès

Futur		*Futur perfet*	
atenyeré		hauré	atès
atenyeràs		hauràs	atès
atenyerà		haurà	atès
atenyerem		haurem	atès
atenyereu		haureu	atès
atenyeran		hauran	atès

Condicional
atenyeria
atenyeries
atenyeria
atenyeríem
atenyeríeu
atenyerien

Condicional perfet
hauria (haguera) atès
hauries (hagueres) atès
hauria (haguera) atès
hauríem (haguérem) atès
hauríeu (haguéreu) atès
haurien (hagueren) atès

SUBJUNTIU

Present
atenyi
atenyis
atenyi
atenyem
atenyeu
atenyin

Perfet
hagi atès
hagis atès
hagi atès
hàgim atès
hàgiu atès
hagin atès

Imperfet
atenyés
atenyessis
atenyés
atenyéssim
atenyéssiu
atenyessin

Plusquamperfet
hagués atès
haguessis atès
hagués atès
haguéssim atès
haguéssiu atès
haguessin atès

IMPERATIU

—   atenyem
ateny   atenyeu
atenyi   atenyin

Formes no personals

Infinitiu
atènyer
Perfet: haver atès

Participi
atès
atesa
atesos
ateses

Gerundi
atenyent
Perfet: havent atès

■ INDICATIU

Present	Perfet	
bato	he	batut
bats	has	batut
bat	ha	batut
batem	hem	batut
bateu	heu	batut
baten	han	batut

Imperfet	Plusquamperfet	
batia	havia	batut
baties	havies	batut
batia	havia	batut
batíem	havíem	batut
batíeu	havíeu	batut
batien	havien	batut

Passat simple	Passat anterior	
batí	haguí	batut
bateres	hagueres	batut
baté	hagué	batut
batérem	haguérem	batut
batéreu	haguéreu	batut
bateren	hagueren	batut

Passat perifràstic	Passat anterior perifràstic	
vaig batre	vaig haver	batut
vas (vares) batre	vas (vares) haver	batut
va batre	va haver	batut
vam (vàrem) batre	vam (vàrem) haver	batut
vau (vàreu) batre	vau (vàreu) haver	batut
van (varen) batre	van (varen) haver	batut

Futur	Futur perfet	
batré	hauré	batut
batràs	hauràs	batut
batrà	haurà	batut
batrem	haurem	batut
batreu	haureu	batut
batran	hauran	batut

Condicional

batria
batries
batria
batríem
batríeu
batrien

Condicional perfet

hauria (haguera)	batut
hauries (hagueres)	batut
hauria (haguera)	batut
hauríem (haguérem)	batut
hauríeu (haguéreu)	batut
haurien (hagueren)	batut

▨ SUBJUNTIU

Present

bati
batis
bati
batem
bateu
batin

Perfet

hagi	batut
hagis	batut
hagi	batut
hàgim	batut
hàgiu	batut
hagin	batut

Imperfet

batés
batessis
batés
batéssim
batéssiu
batessin

Plusquamperfet

hagués	batut
haguessis	batut
hagués	batut
haguéssim	batut
haguéssiu	batut
haguessin	batut

▨ IMPERATIU

—	batem
bat	bateu
bati	batin

Formes no personals

Infinitiu

batre
Perfet: haver batut

Gerundi

batent
Perfet: havent batut

Participi

batut
batuda
batuts
batudes

Formes personals

INDICATIU

Present	*Perfet*	
bec	he	begut
beus	has	begut
beu	ha	begut
bevem	hem	begut
beveu	heu	begut
beuen	han	begut

Imperfet	*Plusquamperfet*	
bevia	havia	begut
bevies	havies	begut
bevia	havia	begut
bevíem	havíem	begut
bevíeu	havíeu	begut
bevien	havien	begut

Passat simple	*Passat anterior*	
beguí	haguí	begut
begueres	hagueres	begut
begué	hagué	begut
beguérem	haguérem	begut
beguéreu	haguéreu	begut
begueren	hagueren	begut

Passat perifràstic		*Passat anterior perifràstic*	
vaig	beure	vaig haver	begut
vas (vares)	beure	vas (vares) haver	begut
va	beure	va haver	begut
vam (vàrem)	beure	vam (vàrem) haver	begut
vau (vàreu)	beure	vau (vàreu) haver	begut
van (varen)	beure	van (varen) haver	begut

Futur	*Futur perfet*	
beuré	hauré	begut
beuràs	hauràs	begut
beurà	haurà	begut
beurem	haurem	begut
beureu	haureu	begut
beuran	hauran	begut

Condicional
beuria
beuries
beuria
beuríem
beuríeu
beurien

Condicional perfet
hauria (haguera) begut
hauries (hagueres) begut
hauria (haguera) begut
hauríem (haguérem) begut
hauríeu (haguéreu) begut
haurien (hagueren) begut

SUBJUNTIU

Present
begui
beguis
begui
beguem
begueu
beguin

Perfet
hagi begut
hagis begut
hagi begut
hàgim begut
hàgiu begut
hagin begut

Imperfet
begués
beguessis
begués
beguéssim
beguéssiu
beguessin

Plusquamperfet
hagués begut
haguessis begut
hagués begut
haguéssim begut
haguéssiu begut
haguessin begut

IMPERATIU

—	beguem
beu	beveu
begui	beguin

Formes no personals

Infinitiu
beure
Perfet: haver begut

Gerundi
bevent
Perfet: havent begut

Participi
begut
beguda
beguts
begudes

Formes personals

INDICATIU

Present	Perfet	
bullo	he	bullit
bulls	has	bullit
bull	ha	bullit
bullim	hem	bullit
bulliu	heu	bullit
bullen	han	bullit

Imperfet	Plusquamperfet	
bullia	havia	bullit
bullies	havies	bullit
bullia	havia	bullit
bullíem	havíem	bullit
bullíeu	havíeu	bullit
bullien	havien	bullit

Passat simple	Passat anterior	
bullí	haguí	bullit
bullires	hagueres	bullit
bullí	hagué	bullit
bullírem	haguérem	bullit
bullíreu	haguéreu	bullit
bulliren	hagueren	bullit

Passat perifràstic		Passat anterior perifràstic	
vaig	bullir	vaig haver	bullit
vas (vares)	bullir	vas (vares) haver	bullit
va	bullir	va haver	bullit
vam (vàrem)	bullir	vam (vàrem) haver	bullit
vau (vàreu)	bullir	vau (vàreu) haver	bullit
van (varen)	bullir	van (varen) haver	bullit

Futur	Futur perfet	
bulliré	hauré	bullit
bulliràs	hauràs	bullit
bullirà	haurà	bullit
bullirem	haurem	bullit
bullireu	haureu	bullit
bulliran	hauran	bullit

Condicional
- bulliria
- bulliries
- bulliria
- bulliríem
- bulliríeu
- bullirien

Condicional perfet
- hauria (haguera) bullit
- hauries (hagueres) bullit
- hauria (haguera) bullit
- hauríem (haguérem) bullit
- hauríeu (haguéreu) bullit
- haurien (hagueren) bullit

SUBJUNTIU

Present
- bulli
- bullis
- bulli
- bullim
- bulliu
- bullin

Perfet
- hagi bullit
- hagis bullit
- hagi bullit
- hàgim bullit
- hàgiu bullit
- hagin bullit

Imperfet
- bullís
- bullissis
- bullís
- bullíssim
- bullíssiu
- bullissin

Plusquamperfet
- hagués bullit
- haguessis bullit
- hagués bullit
- haguéssim bullit
- haguéssiu bullit
- haguessin bullit

IMPERATIU

- —
- bull
- bulli
- bullim
- bulliu
- bullin

Formes no personals

Infinitiu
- bullir
- *Perfet:* haver bullit

Gerundi
- bullint
- *Perfet:* havent bullit

Participi
- bullit
- bullida
- bullits
- bullides

INDICATIU

Present		Perfet	
cabo		he	cabut
caps		has	cabut
cap		ha	cabut
cabem		hem	cabut
cabeu		heu	cabut
caben		han	cabut

Imperfet		Plusquamperfet	
cabia		havia	cabut
cabies		havies	cabut
cabia		havia	cabut
cabíem		havíem	cabut
cabíeu		havíeu	cabut
cabien		havien	cabut

Passat simple		Passat anterior	
cabí		haguí	cabut
caberes		hagueres	cabut
cabé		hagué	cabut
cabérem		haguérem	cabut
cabéreu		haguéreu	cabut
caberen		hagueren	cabut

Passat perifràstic		Passat anterior perifràstic	
vaig	cabre	vaig haver	cabut
vas (vares)	cabre	vas (vares) haver	cabut
va	cabre	va haver	cabut
vam (vàrem)	cabre	vam (vàrem) haver	cabut
vau (vàreu)	cabre	vau (vàreu) haver	cabut
van (varen)	cabre	van (varen) haver	cabut

Futur		Futur perfet	
cabré		hauré	cabut
cabràs		hauràs	cabut
cabrà		haurà	cabut
cabrem		haurem	cabut
cabreu		haureu	cabut
cabran		hauran	cabut

Condicional
cabria
cabries
cabria
cabríem
cabríeu
cabrien

Condicional perfet
hauria (haguera)	cabut
hauries (hagueres)	cabut
hauria (haguera)	cabut
hauríem (haguérem)	cabut
hauríeu (haguéreu)	cabut
haurien (hagueren)	cabut

SUBJUNTIU

Present
càpiga
càpigues
càpiga
capiguem
capigueu
càpiguen

Perfet
hagi	cabut
hagis	cabut
hagi	cabut
hàgim	cabut
hàgiu	cabut
hagin	cabut

Imperfet
cabés
cabessis
cabés
cabéssim
cabéssiu
cabessin

Plusquamperfet
hagués	cabut
haguessis	cabut
hagués	cabut
haguéssim	cabut
haguéssiu	cabut
haguessin	cabut

IMPERATIU

—	capiguem
cap	cabeu
càpiga	càpiguen

Formes no personals

Infinitiu
cabre
Perfet: haver cabut

Gerundi
cabent
Perfet: havent cabut

Participi
cabut
cabuda
cabuts
cabudes

INDICATIU

Present		Perfet	
—		—	
—		—	
cal		ha	calgut
—		—	
—		—	
calen		han	calgut

Imperfet		Plusquamperfet	
—		—	
—		—	
calia		havia	calgut
—		—	
calien		havien	calgut

Passat simple		Passat anterior	
—		—	
—		—	
calgué		hagué	calgut
—		—	
—		—	
calgueren		hagueren	calgut

Passat perifràstic		Passat anterior perifràstic	
—		—	
—		—	
va	caldre	va haver	calgut
—		—	
—		—	
van (varen)	caldre	van (varen) haver	calgut

Futur		Futur perfet	
—		—	
—		—	
caldrà		haurà	calgut
—		—	
—		—	
caldran		hauran	calgut

Condicional
—
—
caldria
—
—
caldrien

Condicional perfet
—
—
hauria (haguera)   calgut
—
—
haurien (haugueren)   calgut

SUBJUNTIU

Present
—
—
calgui
—
—
calguin

Perfet
—
—
hagi   calgut
—
—
hagin   calgut

Imperfet
—
—
calgués
—
—
calguessin

Plusquamperfet
—
—
hagués   calgut
—
—
haguessin   calgut

IMPERATIU
—   —
—   —
—   —

Formes no personals

Infinitiu
caldre (caler)
Perfet: haver calgut

Gerundi
calent
Perfet: havent calgut

Participi
calgut
—
—

Formes personals

■ INDICATIU

Present		*Perfet*	
canto		he	cantat
cantes		has	cantat
canta		ha	cantat
cantem		hem	cantat
canteu		heu	cantat
canten		han	cantat

Imperfet		*Plusquamperfet*	
cantava		havia	cantat
cantaves		havies	cantat
cantava		havia	cantat
cantàvem		havíem	cantat
cantàveu		havíeu	cantat
cantaven		havien	cantat

Passat simple		*Passat anterior*	
cantí		haguí	cantat
cantares		hagueres	cantat
cantà		hagué	cantat
cantàrem		haguérem	cantat
cantàreu		haguéreu	cantat
cantaren		hagueren	cantat

Passat perifràstic		*Passat anterior perifràstic*	
vaig	cantar	vaig haver	cantat
vas (vares)	cantar	vas (vares) haver	cantat
va	cantar	va haver	cantat
vam (vàrem)	cantar	vam (vàrem) haver	cantat
vau (vàreu)	cantar	vau (vàreu) haver	cantat
van (varen)	cantar	van (varen) haver	cantat

Futur		*Futur perfet*	
cantaré		hauré	cantat
cantaràs		hauràs	cantat
cantarà		haurà	cantat
cantarem		haurem	cantat
cantareu		haureu	cantat
cantaran		hauran	cantat

Condicional

cantaria
cantaries
cantaria
cantaríem
cantaríeu
cantarien

Condicional perfet

hauria (haguera)   cantat
hauries (hagueres)   cantat
hauria (haguera)   cantat
hauríem (haguérem)   cantat
hauríeu (haguéreu)   cantat
haurien (hagueren)   cantat

SUBJUNTIU

Present

canti
cantis
canti
cantem
canteu
cantin

Perfet

hagi   cantat
hagis   cantat
hagi   cantat
hàgim   cantat
hàgiu   cantat
hagin   cantat

Imperfet

cantés
cantessis
cantés
cantéssim
cantéssiu
cantessin

Plusquamperfet

hagués   cantat
haguessis   cantat
hagués   cantat
haguéssim   cantat
haguéssiu   cantat
haguessin   cantat

IMPERATIU

—   cantem
canta   canteu
canti   cantin

Formes no personals

Infinitiu

cantar
Perfet: haver cantat

Participi

cantat
cantada
cantats
cantades

Gerundi

cantant
Perfet: havent cantat

INDICATIU

Present

canvio
canvies
canvia
canviem
canvieu
canvien

Perfet

he	canviat
has	canviat
ha	canviat
hem	canviat
heu	canviat
han	canviat

Imperfet

canviava
canviaves
canviava
canviàvem
canviàveu
canviaven

Plusquamperfet

havia	canviat
havies	canviat
havia	canviat
havíem	canviat
havíeu	canviat
havien	canviat

Passat simple

canvií
canviares
canvià
canviàrem
canviàreu
canviaren

Passat anterior

haguí	canviat
hagueres	canviat
hagué	canviat
haguérem	canviat
haguéreu	canviat
hagueren	canviat

Passat perifràstic

vaig	canviar
vas (vares)	canviar
va	canviar
vam (vàrem)	canviar
vau (vàreu)	canviar
van (varen)	canviar

Passat anterior perifràstic

vaig haver	canviat
vas (vares) haver	canviat
va haver	canviat
vam (vàrem) haver	canviat
vau (vàreu) haver	canviat
van (varen) haver	canviat

Futur

canviaré
canviaràs
canviarà
canviarem
canviareu
canviaran

Futur perfet

hauré	canviat
hauràs	canviat
haurà	canviat
haurem	canviat
haureu	canviat
hauran	canviat

Condicional

canviaria
canviaries
canviaria
canviaríem
canviaríeu
canviarien

Condicional perfet

hauria (haguera)	canviat
hauries (haguere)	canviat
hauria (haguera)	canviat
hauríem (haguérem)	canviat
hauríeu (haguéreu)	canviat
haurien (hagueren)	canviat

SUBJUNTIU

Present

canviï
canviïs
canviï
canviem
canvieu
canviïn

Perfet

hagi	canviat
hagis	canviat
hagi	canviat
hàgim	canviat
hàgiu	canviat
hagin	canviat

Imperfet

canviés
canviessis
canviés
canviéssim
canviéssiu
canviessin

Plusquamperfet

hagués	canviat
haguessis	canviat
hagués	canviat
haguéssim	canviat
haguéssiu	canviat
haguessin	canviat

IMPERATIU

—	canviem
canvia	canvieu
canviï	canviïn

Formes no personals

Infinitiu

canviar
Perfet: haver canviat

Gerundi

canviant
Perfet: havent canviat

Participi

canviat
canviada
canviats
canviades

Formes personals

INDICATIU

Present		Perfet	
caic		he	caigut
caus		has	caigut
cau		ha	caigut
caiem		hem	caigut
caieu		heu	caigut
cauen		han	caigut

Imperfet		Plusquamperfet	
queia		havia	caigut
queies		havies	caigut
queia		havia	caigut
quèiem		havíem	caigut
quèieu		havíeu	caigut
queien		havien	caigut

Passat simple		Passat anterior	
caiguí		haguí	caigut
caigueres		hagueres	caigut
caigué		hagué	caigut
caiguérem		haguérem	caigut
caiguéreu		haguéreu	caigut
caigueren		hagueren	caigut

Passat perifràstic		Passat anterior perifràstic	
vaig	caure	vaig haver	caigut
vas (vares)	caure	vas (vares) haver	caigut
va	caure	va haver	caigut
vam (vàrem)	caure	vam (vàrem) haver	caigut
vau (vàreu)	caure	vau (vàreu) haver	caigut
van (varen)	caure	van (varen) haver	caigut

Futur		Futur perfet	
cauré		hauré	caigut
cauràs		hauràs	caigut
caurà		haurà	caigut
caurem		haurem	caigut
caureu		haureu	caigut
cauran		hauran	caigut

Condicional
cauria
cauries
cauria
cauríem
cauríeu
caurien

Condicional perfet
hauria (haguera) caigut
hauries (hagueres) caigut
hauria (haguera) caigut
hauríem (haguérem) caigut
hauríeu (haguéreu) caigut
haurien (hagueren) caigut

SUBJUNTIU

Present
caigui
caiguis
caigui
caiguem
caigueu
caiguin

Perfet
hagi caigut
hagis caigut
hagi caigut
hàgim caigut
hàgiu caigut
hagin caigut

Imperfet
caigués
caiguessis
caigués
caiguéssim
caiguéssiu
caiguessin

Plusquamperfet
hagués caigut
haguessis caigut
hagués caigut
haguéssim caigut
haguéssiu caigut
haguessin caigut

IMPERATIU

—	caiguem
cau	caieu
caigui	caiguin

Formes no personals

Infinitiu
caure
Perfet: haver caigut

Gerundi
caient
Perfet: havent caigut

Participi
caigut
caiguda
caiguts
caigudes

Formes personals

INDICATIU

Present	Perfet	
cerno	he	cernut
cerns	has	cernut
cern	ha	cernut
cernem	hem	cernut
cerneu	heu	cernut
cernen	han	cernut

Imperfet	Plusquamperfet	
cernia	havia	cernut
cernies	havies	cernut
cernia	havia	cernut
cerníem	havíem	cernut
cerníeu	havíeu	cernut
cernien	havien	cernut

Passat simple	Passat anterior	
cerní	haguí	cernut
cerneres	hagueres	cernut
cerné	hagué	cernut
cernérem	haguérem	cernut
cernéreu	haguéreu	cernut
cerneren	hagueren	cernut

Passat perifràstic		Passat anterior perifràstic	
vaig	cerndre	vaig haver	cernut
vas (vares)	cerndre	vas (vares) haver	cernut
va	cerndre	va haver	cernut
vam (vàrem)	cerndre	vam (vàrem) haver	cernut
vau (vàreu)	cerndre	vau (vàreu) haver	cernut
van (varen)	cerndre	van (varen) haver	cernut

Futur	Futur perfet	
cerndré	hauré	cernut
cerndràs	hauràs	cernut
cerndrà	haurà	cernut
cerndrem	haurem	cernut
cerndreu	haureu	cernut
cerndran	hauran	cernut

Condicional
cerndria
cerndries
cerndria
cerndríem
cerndríeu
cerndrien

Condicional perfet
hauria (haguera)   cernut
hauries (hagueres)   cernut
hauria (haguera)   cernut
hauríem (haguérem)   cernut
hauríeu (haguéreu)   cernut
haurien (hagueren)   cernut

SUBJUNTIU

Present
cerni
cernis
cerni
cernem
cerneu
cernin

Perfet
hagi   cernut
hagis   cernut
hagi   cernut
hàgim   cernut
hàgiu   cernut
hagin   cernut

Imperfet
cernés
cernessis
cernés
cernéssim
cernéssiu
cernessin

Plusquamperfet
hagués   cernut
haguessis   cernut
hagués   cernut
haguéssim   cernut
haguéssiu   cernut
haguessin   cernut

IMPERATIU

—	cernem
cern	cerneu
cerni	cernin

Formes no personals

Infinitiu
cerndre
Perfet: haver cernut

Gerundi
cernent
Perfet: havent cernut

Participi
cernut
cernuda
cernuts
cernudes

INDICATIU

Present	Perfet	
cloc	he	clos
clous	has	clos
clou	ha	clos
cloem	hem	clos
cloeu	heu	clos
clouen	han	clos

Imperfet	Plusquamperfet	
cloïa	havia	clos
cloïes	havies	clos
cloïa	havia	clos
cloíem	havíem	clos
cloíeu	havíeu	clos
cloïen	havien	clos

Passat simple	Passat anterior	
cloguí	haguí	clos
clogueres	hagueres	clos
clogué	hagué	clos
cloguérem	haguérem	clos
cloguéreu	haguéreu	clos
clogueren	hagueren	clos

Passat perifràstic		Passat anterior perifràstic	
vaig	cloure	vaig haver	clos
vas (vares)	cloure	vas (vares) haver	clos
va	cloure	va haver	clos
vam (vàrem)	cloure	vam (vàrem) haver	clos
vau (vàreu)	cloure	vau (vàreu) haver	clos
van (varen)	cloure	van (varen) haver	clos

Futur	Futur perfet	
clouré	hauré	clos
clouràs	hauràs	clos
clourà	haurà	clos
clourem	haurem	clos
cloureu	haureu	clos
clouran	hauran	clos

Condicional
clouria
clouries
clouria
clouríem
clouríeu
clourien

Condicional perfet
hauria (haguera)	clos
hauries (hagueres)	clos
hauria (haguera)	clos
hauríem (haguérem)	clos
hauríeu (haguéreu)	clos
haurien (hagueren)	clos

SUBJUNTIU

Present
clogui
cloguis
clogui
cloguem
clogueu
cloguin

Perfet
hagi	clos
hagis	clos
hagi	clos
hàgim	clos
hàgiu	clos
hagin	clos

Imperfet
clogués
cloguessis
clogués
cloguéssim
cloguéssiu
cloguessin

Plusquamperfet
hagués	clos
haguessis	clos
hagués	clos
haguéssim	clos
haguéssiu	clos
haguessin	clos

IMPERATIU

—	cloguem
clou	cloeu
clogui	cloguin

Formes no personals

Infinitiu
cloure
Perfet: haver clos

Participi
clos
closa
closos
closes

Gerundi
cloent
Perfet: havent clos

Formes personals

INDICATIU

Present	Perfet	
cobreixo	he	cobert
cobreixes	has	cobert
cobreix	ha	cobert
cobrim	hem	cobert
cobriu	heu	cobert
cobreixen	han	cobert

Imperfet	Plusquamperfet	
cobria	havia	cobert
cobries	havies	cobert
cobria	havia	cobert
cobríem	havíem	cobert
cobríeu	havíeu	cobert
cobrien	havien	cobert

Passat simple	Passat anterior	
cobrí	haguí	cobert
cobrires	hagueres	cobert
cobrí	hagué	cobert
cobrírem	haguérem	cobert
cobríreu	haguéreu	cobert
cobriren	hagueren	cobert

Passat perifràstic		Passat anterior perifràstic	
vaig	cobrir	vaig haver	cobert
vas (vares)	cobrir	vas (vares) haver	cobert
va	cobrir	va haver	cobert
vam (vàrem)	cobrir	vam (vàrem) haver	cobert
vau (vàreu)	cobrir	vau (vàreu) haver	cobert
van (varen)	cobrir	van (varen) haver	cobert

Futur	Futur perfet	
cobriré	hauré	cobert
cobriràs	hauràs	cobert
cobrirà	haurà	cobert
cobrirem	haurem	cobert
cobrireu	haureu	cobert
cobriran	hauran	cobert

Condicional
cobriria
cobriries
cobriria
cobriríem
cobriríeu
cobririen

Condicional perfet
hauria (haguera) cobert
hauries (hagueres) cobert
hauria (haguera) cobert
hauríem (haguérem) cobert
hauríeu (haguéreu) cobert
haurien (hagueren) cobert

▨ SUBJUNTIU

Present
cobreixi
cobreixis
cobreixi
cobrim
cobriu
cobreixin

Perfet
hagi cobert
hagis cobert
hagi cobert
hàgim cobert
hàgiu cobert
hagin cobert

Imperfet
cobrís
cobrissis
cobrís
cobríssim
cobríssiu
cobrissin

Plusquamperfet
hagués cobert
haguessis cobert
hagués cobert
haguéssim cobert
haguéssiu cobert
haguessin cobert

▨ IMPERATIU

— cobrim
cobreix cobriu
cobreixi cobreixin

Formes no personals

Infinitiu
cobrir
Perfet: haver cobert

Gerundi
cobrint
Perfet: havent cobert

Participi
cobert
coberta
coberts
cobertes

Formes personals

INDICATIU

Present
cullo
culls
cull
collim
colliu
cullen

Perfet
he   collit
has   collit
ha   collit
hem   collit
heu   collit
han   collit

Imperfet
collia
collies
collia
collíem
collíeu
collien

Plusquamperfet
havia   collit
havies   collit
havia   collit
havíem   collit
havíeu   collit
havien   collit

Passat simple
collí
collires
collí
collírem
collíreu
colliren

Passat anterior
haguí   collit
hagueres   collit
hagué   collit
haguérem   collit
haguéreu   collit
hagueren   collit

Passat perifràstic
vaig   collir
vas (vares)   collir
va   collir
vam (vàrem)   collir
vau (vàreu)   collir
van (varen)   collir

Passat anterior perifràstic
vaig haver   collit
vas (vares) haver   collit
va haver   collit
vam (vàrem) haver   collit
vau (vàreu) haver   collit
van (varen) haver   collit

Futur
colliré
colliràs
collirà
collirem
collireu
colliran

Futur perfet
hauré   collit
hauràs   collit
haurà   collit
haurem   collit
haureu   collit
hauran   collit

Condicional

colliria
colliries
colliria
colliríem
colliríeu
collirien

Condicional perfet

hauria (haguera)	collit
hauries (hagueres)	collit
hauria (haguera)	collit
hauríem (haguérem)	collit
hauríeu (haguéreu)	collit
haurien (hagueren)	collit

SUBJUNTIU

Present

culli
cullis
culli
collim
colliu
cullin

Perfet

hagi	collit
hagis	collit
hagi	collit
hàgim	collit
hàgiu	collit
hagin	collit

Imperfet

collís
collissis
collís
collíssim
collíssiu
collissin

Plusquamperfet

hagués	collit
haguessis	collit
hagués	collit
haguéssim	collit
haguéssiu	collit
haguessin	collit

IMPERATIU

—	collim
cull	colliu
culli	cullin

Formes no personals

Infinitiu

collir
Perfet: haver collit

Participi

collit
collida
collits
collides

Gerundi

collint
Perfet: havent collit

INDICATIU

Present

començo
comences
comença
comencem
comenceu
comencen

Perfet

he	començat
has	començat
ha	començat
hem	començat
heu	començat
han	començat

Imperfet

començava
començaves
començava
començàvem
començàveu
començaven

Plusquamperfet

havia	començat
havies	començat
havia	començat
havíem	començat
havíeu	començat
havien	començat

Passat simple

comencí
començares
començà
començàrem
començàreu
començaren

Passat anterior

haguí	començat
hagueres	començat
hagué	començat
haguérem	començat
haguéreu	començat
hagueren	començat

Passat perifràstic

vaig	començar
vas (vares)	començar
va	començar
vam (vàrem)	començar
vau (vàreu)	començar
van (varen)	començar

Passat anterior perifràstic

vaig haver	començat
vas (vares) haver	començat
va haver	començat
vam (vàrem) haver	començat
vau (vàreu) haver	començat
van (varen) haver	començat

Futur

començaré
començaràs
començarà
començarem
començareu
començaran

Futur perfet

hauré	començat
hauràs	començat
haurà	començat
haurem	començat
haureu	començat
hauran	començat

Condicional

començaria
començaries
començaria
començaríem
començaríeu
començarien

Condicional perfet

hauria (haguera)	començat
hauries (hagueres)	començat
hauria (haguera)	començat
hauríem (haguérem)	començat
hauríeu (haguéreu)	començat
haurien (hagueren)	començat

SUBJUNTIU

Present

comenci
comencis
comenci
comencem
comenceu
comencin

Perfet

hagi	començat
hagis	començat
hagi	començat
hàgim	començat
hàgiu	començat
hagin	començat

Imperfet

comencés
comencessis
comencés
comencéssim
comencéssiu
comencessin

Plusquamperfet

hagués	començat
haguessis	començat
hagués	començat
haguéssim	començat
haguéssiu	començat
haguessin	començat

IMPERATIU

—	comencem
comença	comenceu
comenci	comencin

Formes no personals

Infinitiu

començar
Perfet: haver començat

Gerundi

començant
Perfet: havent començat

Participi

començat
començada
començats
començades

Formes personals

■ INDICATIU

Present		Perfet	
complac		he	complagut
complaus		has	complagut
complau		ha	complagut
complaem		hem	complagut
complaeu		heu	complagut
complauen		han	complagut

Imperfet		Plusquamperfet	
complaïa		havia	complagut
complaïes		havies	complagut
complaïa		havia	complagut
complaíem		havíem	complagut
complaíeu		havíeu	complagut
complaïen		havien	complagut

Passat simple		Passat anterior	
complaguí		haguí	complagut
complagueres		hagueres	complagut
complagué		hagué	complagut
complaguérem		haguérem	complagut
complaguéreu		haguéreu	complagut
complagueren		hagueren	complagut

Passat perifràstic		Passat anterior perifràstic	
vaig	complaure	vaig haver	complagut
vas (vares)	complaure	vas (vares) haver	complagut
va	complaure	va haver	complagut
vam (vàrem)	complaure	vam (vàrem) haver	complagut
vau (vàreu)	complaure	vau (vàreu) haver	complagut
van (varen)	complaure	van (varen) haver	complagut

Futur		Futur perfet	
complauré		hauré	complagut
complauràs		hauràs	complagut
complaurà		haurà	complagut
complaurem		haurem	complagut
complaureu		haureu	complagut
complauran		hauran	complagut

Condicional

complauria
complauries
complauria
complauríem
complauríeu
complaurien

Condicional perfet

hauria (haguera)	complagut
hauries (hagueres)	complagut
hauria (haguera)	complagut
hauríem (haguérem)	complagut
hauríeu (haguéreu)	complagut
haurien (hagueren)	complagut

SUBJUNTIU

Present

complagui
complaguis
complagui
complaguem
complagueu
complaguin

Perfet

hagi	complagut
hagis	complagut
hagi	complagut
hàgim	complagut
hàgiu	complagut
hagin	complagut

Imperfet

complagués
complaguessis
complagués
complaguéssim
complaguéssiu
complaguessin

Plusquamperfet

hagués	complagut
haguessis	complagut
hagués	complagut
haguéssim	complagut
haguéssiu	complagut
haguessin	complagut

IMPERATIU

—	complaguem
complau	complaeu
complagui	complaguin

Formes no personals

Infinitiu

complaure
Perfet: haver complagut

Gerundi

complaent
Perfet: havent complagut

Participi

complagut
complaguda
complaguts
complagudes

Formes personals

INDICATIU

Present

compleixo
compleixes
compleix
complim
compliu
compleixen

Perfet

he	complert
has	complert
ha	complert
hem	complert
heu	complert
han	complert

Imperfet

complia
complies
complia
complíem
complíeu
complien

Plusquamperfet

havia	complert
havies	complert
havia	complert
havíem	complert
havíeu	complert
havien	complert

Passat simple

complí
complires
complí
complírem
complíreu
compliren

Passat anterior

haguí	complert
hagueres	complert
hagué	complert
haguérem	complert
haguéreu	complert
hagueren	complert

Passat perifràstic

vaig	complir
vas (vares)	complir
va	complir
vam (vàrem)	complir
vau (vàreu)	complir
van (varen)	complir

Passat anterior perifràstic

vaig haver	complert
vas (vares) haver	complert
va haver	complert
vam (vàrem) haver	complert
vau (vàreu) haver	complert
van (varen) haver	complert

Futur

compliré
compliràs
complirà
complirem
complireu
compliran

Futur perfet

hauré	complert
hauràs	complert
haurà	complert
haurem	complert
haureu	complert
hauran	complert

Condicional	Condicional perfet	
compliria	hauria (haguera)	complert
compliries	hauries (hagueres)	complert
compliria	hauria (haguera)	complert
compliríem	hauríem (haguérem)	complert
compliríeu	hauríeu (haguéreu)	complert
complirien	haurien (hagueren)	complert

SUBJUNTIU

Present	Perfet	
compleixi	hagi	complert
compleixis	hagis	complert
compleixi	hagi	complert
complim	hàgim	complert
compliu	hàgiu	complert
compleixin	hagin	complert

Imperfet	Plusquamperfet	
complís	hagués	complert
complissis	haguessis	complert
complís	hagués	complert
complíssim	haguéssim	complert
complíssiu	haguéssiu	complert
complissin	haguessin	complert

IMPERATIU

—	complim
compleix	compliu
compleixi	compleixin

Formes no personals

Infinitiu

complir
Perfet: haver complert

Gerundi

complint
Perfet: havent complert

Participi

complert
complerta
complerts
complertes
(*o* complit complida
complits complides)

INDICATIU

Present		Perfet	
componc		he	compost
compons		has	compost
compon		ha	compost
componem		hem	compost
componeu		heu	compost
componen		han	compost

Imperfet		Plusquamperfet	
componia		havia	compost
componies		havies	compost
componia		havia	compost
componíem		havíem	compost
componíeu		havíeu	compost
componien		havien	compost

Passat simple		Passat anterior	
componguí		haguí	compost
compongueres		hagueres	compost
compongué		hagué	compost
componguérem		haguérem	compost
componguéreu		haguéreu	compost
compongueren		hagueren	compost

Passat perifràstic		Passat anterior perifràstic	
vaig	compondre	vaig haver	compost
vas (vares)	compondre	vas (vares) haver	compost
va	compondre	va haver	compost
vam(vàrem)	compondre	vam (vàrem) haver	compost
vau (vàreu)	compondre	vau (vàreu) haver	compost
van (varen)	compondre	van (varen) haver	compost

Futur		Futur perfet	
compondré		hauré	compost
compondràs		hauràs	compost
compondrà		haurà	compost
compondrem		haurem	compost
compondreu		haureu	compost
compondran		hauran	compost

Condicional	*Condicional perfet*	
compondria	hauria (haguera)	compost
compondries	hauries (hagueres)	compost
compondria	hauria (haguera)	compost
compondríem	hauríem (haguérem)	compost
compondríeu	hauríeu (haguéreu)	compost
compondrien	haurien (hagueren)	compost

SUBJUNTIU

Present	*Perfet*	
compongui	hagi	compost
componguis	hagis	compost
compongui	hagi	compost
componguem	hàgim	compost
compongueu	hàgiu	compost
componguin	hagin	compost

Imperfet	*Plusquamperfet*	
compongués	hagués	compost
componguessis	haguessis	compost
compongués	hagués	compost
componguéssim	haguéssim	compost
componguéssiu	haguéssiu	compost
componguessin	haguessin	compost

IMPERATIU

—	componguem
compon	componeu
compongui	componguin

Formes no personals

Infinitiu	*Participi*
compondre	compost
Perfet: haver compost	composta
	compostos (o composts)
Gerundi	compostes
component	
Perfet: havent compost	

Formes personals

INDICATIU

Present
conec
coneixes
coneix
coneixem
coneixeu
coneixen

Perfet
he   conegut
has   conegut
ha   conegut
hem   conegut
heu   conegut
han   conegut

Imperfet
coneixia
coneixies
coneixia
coneixíem
coneixíeu
coneixien

Plusquamperfet
havia   conegut
havies   conegut
havia   conegut
havíem   conegut
havíeu   conegut
havien   conegut

Passat simple
coneguí
конegueres
conegué
coneguérem
coneguéreu
conegueren

Passat anterior
haguí   conegut
hagueres   conegut
hagué   conegut
haguérem   conegut
haguéreu   conegut
hagueren   conegut

Passat perifràstic
vaig   conèixer
vas (vares)   conèixer
va   conèixer
vam (vàrem) conèixer
vau (vàreu)   conèixer
van (varen)   conèixer

Passat anterior perifràstic
vaig haver   conegut
vas (vares) haver   conegut
va haver   conegut
vam (vàrem) haver conegut
vau (vàreu) haver   conegut
van (varen) haver   conegut

Futur
coneixeré
coneixeràs
coneixerà
coneixerem
coneixereu
coneixeran

Futur perfet
hauré   conegut
hauràs   conegut
haurà   conegut
haurem   conegut
haureu   conegut
hauran   conegut

Condicional
coneixeria
coneixeries
coneixeria
coneixeríem
coneixeríeu
coneixerien

Condicional perfet
hauria (haguera) conegut
hauries (hagueres) conegut
hauria (haguera) conegut
hauríem (haguérem) conegut
hauríeu (haguéreu) conegut
haurien (hagueren) conegut

SUBJUNTIU

Present
conegui
coneguis
conegui
coneguem
conegueu
coneguin

Perfet
hagi conegut
hagis conegut
hagi conegut
hàgim conegut
hàgiu conegut
hagin conegut

Imperfet
conegués
coneguessis
conegués
coneguéssim
coneguéssiu
coneguessin

Plusquamperfet
hagués conegut
haguessis conegut
hagués conegut
haguéssim conegut
haguéssiu conegut
haguessin conegut

IMPERATIU

— coneguem
coneix coneixeu
conegui coneguin

Formes no personals

Infinitiu
conèixer
Perfet: haver conegut

Gerundi
coneixent
Perfet: havent conegut

Participi
conegut
coneguda
coneguts
conegudes

Formes personals

■ INDICATIU

Present		*Perfet*	
confonc		he	confós
confons		has	confós
confon		ha	confós
confonem		hem	confós
confoneu		heu	confós
confonen		han	confós

Imperfet		*Plusquamperfet*	
confonia		havia	confós
confonies		havies	confós
confonia		havia	confós
confoníem		havíem	confós
confoníeu		havíeu	confós
confonien		havien	confós

Passat simple		*Passat anterior*	
confonguí		haguí	confós
confongueres		hagueres	confós
confongué		hagué	confós
confonguérem		haguérem	confós
confonguéreu		haguéreu	confós
confongueren		hagueren	confós

Passat perifràstic		*Passat anterior perifràstic*	
vaig	confondre	vaig haver	confós
vas (vares)	confondre	vas (vares) haver	confós
va	confondre	va haver	confós
vam (vàrem)	confondre	vam (vàrem) haver	confós
vau (vàreu)	confondre	vau (vàreu) haver	confós
van (varen)	confondre	van (varen) haver	confós

Futur		*Futur perfet*	
confondré		hauré	confós
confondràs		hauràs	confós
confondrà		haurà	confós
confondrem		haurem	confós
confondreu		haureu	confós
confondran		hauran	confós

Condicional
confondria
confondries
confondria
confondríem
confondríeu
confondrien

Condicional perfet
hauria (haguera)   confós
hauries (hagueres)   confós
hauria (haguera)   confós
hauríem (haguérem)   confós
hauríeu (haguéreu)   confós
haurien (hagueren)   confós

SUBJUNTIU

Present
confongui
confonguis
confongui
confonguem
confongueu
confonguin

Perfet
hagi   confós
hagis   confós
hagi   confós
hàgim   confós
hàgiu   confós
hagin   confós

Imperfet
confongués
confonguessis
confongués
confonguéssim
confonguéssiu
confonguessin

Plusquamperfet
hagués   confós
haguessis confós
hagués   confós
haguéssim confós
haguéssiu confós
haguessin confós

IMPERATIU

—   confonguem
confon   confoneu
confongui   confonguin

Formes no personals

Infinitiu
confondre
Perfet: haver confós

Participi
confós
confosa
confosos
confoses

Gerundi
confonent
Perfet: havent confós

Formes personals

INDICATIU

Present

constrenyo
constrenys
constreny
constrenyem
constrenyeu
constrenyen

Perfet

he	constret
has	constret
ha	constret
hem	constret
heu	constret
han	constret

Imperfet

constrenyia
constrenyies
constrenyia
constrenyíem
constrenyíeu
constrenyien

Plusquamperfet

havia	constret
havies	constret
havia	constret
havíem	constret
havíeu	constret
havien	constret

Passat simple

constrenyí
constrenyeres
constrenyé
constrenyérem
constrenyéreu
constrenyeren

Passat anterior

haguí	constret
hagueres	constret
hagué	constret
haguérem	constret
haguéreu	constret
hagueren	constret

Passat perifràstic

vaig	constrènyer
vas (vares)	constrènyer
va	constrènyer
vam (vàrem)	constrènyer
vau (vàreu)	constrènyer
van (varen)	constrènyer

Passat anterior perifràstic

vaig haver	constret
vas (vares) haver	constret
va haver	constret
vam (vàrem) haver	constret
vau (vàreu) haver	constret
van (varen) haver	constret

Futur

constrenyeré
constrenyeràs
constrenyerà
constrenyerem
constrenyereu
constrenyeran

Futur perfet

hauré	constret
hauràs	constret
haurà	constret
haurem	constret
haureu	constret
hauran	constret

Condicional
constrenyeria
constrenyeries
constrenyeria
constrenyeríem
constrenyeríeu
constrenyerien

Condicional perfet
hauria (haguera)   constret
hauries (hagueres)   constret
hauria (haguera)   constret
hauríem (haguérem)   constret
hauríeu (haguéreu)   constret
haurien (hagueren)   constret

SUBJUNTIU

Present
constrenyi
constrenyis
constrenyi
constrenyem
constrenyeu
constrenyin

Perfet
hagi   constret
hagis   constret
hagi   constret
hàgim   constret
hàgiu   constret
hagin   constret

Imperfet
constrenyés
constrenyessis
constrenyés
constrenyéssim
constrenyéssiu
constrenyessin

Plusquamperfet
hagués   constret
haguessis   constret
hagués   constret
haguéssim   constret
haguéssiu   constret
haguessin   constret

IMPERATIU

—   constrenyem
constreny   constrenyeu
constrenyi   constrenyin

Formes no personals

Infinitiu
constrènyer
Perfet: haver constret

Gerundi
constrenyent
Perfet: havent constret

Participi
constret
constreta
constrets
constretes

Formes personals

INDICATIU

Present		Perfet	
contradic		he	contradit
contradius		has	contradit
contradiu		ha	contradit
contradiem		hem	contradit
contradieu		heu	contradit
contradiuen		han	contradit

Imperfet		Plusquamperfet	
contradeia		havia	contradit
contradeies		havies	contradit
contradeia		havia	contradit
contradèiem		havíem	contradit
contradèieu		havíeu	contradit
contradeien		havien	contradit

Passat simple		Passat anterior	
contradiguí		haguí	contradit
contradigueres		hagueres	contradit
contradigué		hagué	contradit
contradiguérem		haguérem	contradit
contradiguéreu		haguéreu	contradit
contradigueren		hagueren	contradit

Passat perifràstic		Passat anterior perifràstic	
vaig	contradir	vaig haver	contradit
vas (vares)	contradir	vas (vares) haver	contradit
va	contradir	va haver	contradit
vam (vàrem)	contradir	vam (vàrem) haver	contradit
vau (vàreu)	contradir	vau (vàreu) haver	contradit
van (varen)	contradir	van (varen) haver	contradit

Futur		Futur perfet	
contradiré		hauré	contradit
contradiràs		hauràs	contradit
contradirà		haurà	contradit
contradirem		haurem	contradit
contradireu		haureu	contradit
contradiran		hauran	contradit

Condicional
contradiria
contradiries
contradiria
contradiríem
contradiríeu
contradirien

Condicional perfet

hauria (haguera)	contradit
hauries (hagueres)	contradit
hauria (haguera)	contradit
hauríem (haguérem)	contradit
hauríeu (haguéreu)	contradit
haurien (hagueren)	contradit

SUBJUNTIU

Present
contradigui
contradiguis
contradigui
contradiguem
contradigueu
contradiguin

Perfet

hagi	contradit
hagis	contradit
hagi	contradit
hàgim	contradit
hàgiu	contradit
hagin	contradit

Imperfet
contradigués
contradiguessis
contradigués
contradiguéssim
contradiguéssiu
contradiguessin

Plusquamperfet

hagués	contradit
haguessis	contradit
hagués	contradit
haguéssim	contradit
haguéssiu	contradit
haguessin	contradit

IMPERATIU

—
contradigues (*o* contradiu)
contradigui

contradiguem
contradigueu (*o* contradieu)
contradiguin

Formes no personals

Infinitiu
contradir
Perfet: haver contradit

Gerundi
contradient
Perfet: havent contradit

Participi
contradit
contradita
contradits
contradites

INDICATIU

Present		*Perfet*	
corro		he	corregut
corres		has	corregut
corre		ha	corregut
correm		hem	corregut
correu		heu	corregut
corren		han	corregut

Imperfet		*Plusquamperfet*	
corria		havia	corregut
corries		havies	corregut
corria		havia	corregut
corríem		havíem	corregut
corríeu		havíeu	corregut
corrien		havien	corregut

Passat simple		*Passat anterior*	
correguí		haguí	corregut
corregueres		hagueres	corregut
corregué		hagué	corregut
correguérem		haguérem	corregut
correguéreu		haguéreu	corregut
corregueren		hagueren	corregut

Passat perifràstic		*Passat anterior perifràstic*	
vaig	córrer	vaig haver	corregut
vas (vares)	córrer	vas (vares) haver	corregut
va	córrer	va haver	corregut
vam (vàrem)	córrer	vam (vàrem) haver	corregut
vau (vàreu)	córrer	vau (vàreu) haver	corregut
van (varen)	córrer	van (varen) haver	corregut

Futur		*Futur perfet*	
correré		hauré	corregut
correràs		hauràs	corregut
correrà		haurà	corregut
correrem		haurem	corregut
correreu		haureu	corregut
correran		hauran	corregut

Condicional	Condicional perfet	
correria	hauria (haguera)	corregut
correries	hauries (hagueres)	corregut
correria	hauria (haguera)	corregut
correríem	hauríem (haguérem)	corregut
correríeu	hauríeu (haguéreu)	corregut
correrien	haurien (hagueren)	corregut

SUBJUNTIU

Present	Perfet	
corri	hagi	corregut
corris	hagis	corregut
corri	hagi	corregut
correm (correguem)	hàgim	corregut
correu (corregueu)	hàgiu	corregut
corrin	hagin	corregut

Imperfet	Plusquamperfet	
corregués	hagués	corregut
correguessis	haguessis	corregut
corregués	hagués	corregut
correguéssim	haguéssim	corregut
correguéssiu	haguéssiu	corregut
correguessin	haguessin	corregut

IMPERATIU

—	correm (correguem)
corre	correu
corri	corrin

Formes no personals

Infinitiu
córrer
Perfet: haver corregut

Gerundi
corrent
Perfet: havent corregut

Participi
corregut
correguda
correguts
corregudes

Formes personals

INDICATIU

Present
cuso
cuses
cus
cosim
cosiu
cusen

Perfet
he	cosit
has	cosit
ha	cosit
hem	cosit
heu	cosit
han	cosit

Imperfet
cosia
cosies
cosia
cosíem
cosíeu
cosien

Plusquamperfet
havia	cosit
havies	cosit
havia	cosit
havíem	cosit
havíeu	cosit
havien	cosit

Passat simple
cosí
cosires
cosí
cosírem
cosíreu
cosiren

Passat anterior
haguí	cosit
hagueres	cosit
hagué	cosit
haguérem	cosit
haguéreu	cosit
hagueren	cosit

Passat perifràstic
vaig	cosir
vas (vares)	cosir
va	cosir
vam (vàrem)	cosir
vau (vàreu)	cosir
van (varen)	cosir

Passat anterior perifràstic
vaig haver	cosit
vas (vares) haver	cosit
va haver	cosit
vam (vàrem) haver	cosit
vau (vàreu) haver	cosit
van (varen) haver	cosit

Futur
cosiré
cosiràs
cosirà
cosirem
cosireu
cosiran

Futur perfet
hauré	cosit
hauràs	cosit
haurà	cosit
haurem	cosit
haureu	cosit
hauran	cosit

Condicional
cosiria
cosiries
cosiria
cosiríem
cosiríeu
cosirien

Condicional perfet

hauria (haguera)	cosit
hauries (hagueres)	cosit
hauria (haguera)	cosit
hauríem (haguérem)	cosit
hauríeu (haguéreu)	cosit
haurien (hagueren)	cosit

SUBJUNTIU

Present
cusi
cusis
cusi
cosim
cosiu
cusin

Perfet

hagi	cosit
hagis	cosit
hagi	cosit
hàgim	cosit
hàgiu	cosit
hagin	cosit

Imperfet
cosís
cosissis
cosís
cosíssim
cosíssiu
cosissin

Plusquamperfet

hagués	cosit
haguessis	cosit
hagués	cosit
haguéssim	cosit
haguéssiu	cosit
haguessin	cosit

IMPERATIU

—	cosim
cus	cosiu
cusi	cusin

Formes no personals

Infinitiu
cosir
Perfet: haver cosit

Gerundi
cosint
Perfet: havent cosit

Participi
cosit
cosida
cosits
cosides

INDICATIU

Present		Perfet	
coc		he	cuit
cous		has	cuit
cou		ha	cuit
coem		hem	cuit
coeu		heu	cuit
couen		han	cuit

Imperfet		Plusquamperfet	
coïa		havia	cuit
coïes		havies	cuit
coïa		havia	cuit
coíem		havíem	cuit
coíeu		havíeu	cuit
coïen		havien	cuit

Passat simple		Passat anterior	
coguí		haguí	cuit
cogueres		hagueres	cuit
cogué		hagué	cuit
coguérem		haguérem	cuit
coguéreu		haguéreu	cuit
cogueren		hagueren	cuit

Passat perifràstic		Passat anterior perifràstic	
vaig	coure	vaig haver	cuit
vas (vares)	coure	vas (vares) haver	cuit
va	coure	va haver	cuit
vam (vàrem)	coure	vam (vàrem) haver	cuit
vau (vàreu)	coure	vau (vàreu) haver	cuit
van (varen)	coure	van (varen) haver	cuit

Futur		Futur perfet	
couré		hauré	cuit
couràs		hauràs	cuit
courà		haurà	cuit
courem		haurem	cuit
coureu		haureu	cuit
couran		hauran	cuit

Condicional
couria
couries
couria
couríem
couríeu
courien

Condicional perfet
hauria (haguera)   cuit
hauries (hagueres)   cuit
hauria (haguera)   cuit
hauríem (haguérem)   cuit
hauríeu (haguéreu)   cuit
haurien (hagueren)   cuit

SUBJUNTIU

Present
cogui
coguis
cogui
coguem
cogueu
coguin

Perfet
hagi   cuit
hagis   cuit
hagi   cuit
hàgim   cuit
hàgiu   cuit
hagin   cuit

Imperfet
cogués
coguessis
cogués
coguéssim
coguéssiu
coguessin

Plusquamperfet
hagués   cuit
haguessis cuit
hagués   cuit
haguéssim cuit
haguéssiu cuit
haguessin cuit

IMPERATIU
—   coguem
cou   coeu
cogui   coguin

Formes no personals

Infinitiu
coure
Perfet: haver cuit

Gerundi
coent
Perfet: havent cuit

Participi
cuit
cuita
cuits
cuites
(o cogut coguda
coguts cogudes)

Formes personals

INDICATIU

Present	Perfet	
creixo	he	crescut
creixes	has	crescut
creix	ha	crescut
creixem	hem	crescut
creixeu	heu	crescut
creixen	han	crescut

Imperfet	Plusquamperfet	
creixia	havia	crescut
creixies	havies	crescut
creixia	havia	crescut
creixíem	havíem	crescut
creixíeu	havíeu	crescut
creixien	havien	crescut

Passat simple	Passat anterior	
creixí (cresquí)	haguí	crescut
creixeres (cresqueres)	hagueres	crescut
creixé (cresqué)	hagué	crescut
creixérem (cresquérem)	haguérem	crescut
creixéreu (cresquéreu)	haguéreu	crescut
creixeren (cresqueren)	hagueren	crescut

Passat perifràstic		Passat anterior perifràstic	
vaig	créixer	vaig haver	crescut
vas (vares)	créixer	vas (vares) haver	crescut
va	créixer	va haver	crescut
vam (vàrem)	créixer	vam (vàrem) haver	crescut
vau (vàreu)	créixer	vau (vàreu) haver	crescut
van (varen)	créixer	van (varen) haver	crescut

Futur	Futur perfet	
creixeré	hauré	crescut
creixeràs	hauràs	crescut
creixerà	haurà	crescut
creixerem	haurem	crescut
creixereu	haureu	crescut
creixeran	hauran	crescut

Condicional

creixeria
creixeries
creixeria
creixeríem
creixeríeu
creixerien

Condicional perfet

hauria (haguera)	crescut
hauries (haguere)	crescut
hauria (haguera)	crescut
hauríem (haguérem)	crescut
hauríeu (haguéreu)	crescut
haurien (hagueren)	crescut

SUBJUNTIU

Present

creixi
creixis
creixi
creixem (cresquem)
creixeu (cresqueu)
creixin

Perfet

hagi	crescut
hagis	crescut
hagi	crescut
hàgim	crescut
hàgiu	crescut
hagin	crescut

Imperfet

creixés (cresqués)
creixessis (cresquessis)
creixés (cresqués)
creixéssim (cresquéssim)
creixéssiu (cresquéssiu)
creixessin (cresquessin)

Plusquamperfet

hagués	crescut
haguessis	crescut
hagués	crescut
haguéssim	crescut
haguéssiu	crescut
haguessin	crescut

IMPERATIU

—	creixem (cresquem)
creix	creixeu
creixi	creixin

Formes no personals

Infinitiu

créixer
Perfet: haver crescut

Gerundi

creixent
Perfet: havent crescut

Participi

crescut
crescuda
crescuts
crescudes

Formes personals

INDICATIU

Present		Perfet	
creuo		he	creuat
creues		has	creuat
creua		ha	creuat
creuem		hem	creuat
creueu		heu	creuat
creuen		han	creuat

Imperfet		Plusquamperfet	
creuava		havia	creuat
creuaves		havies	creuat
creuava		havia	creuat
creuàvem		havíem	creuat
creuàveu		havíeu	creuat
creuaven		havien	creuat

Passat simple		Passat anterior	
creuí		haguí	creuat
creuares		hagueres	creuat
creuà		hagué	creuat
creuàrem		haguérem	creuat
creuàreu		haguéreu	creuat
creuaren		hagueren	creuat

Passat perifràstic		Passat anterior perifràstic	
vaig	creuar	vaig haver	creuat
vas (vares)	creuar	vas (vares) haver	creuat
va	creuar	va haver	creuat
vam (vàrem)	creuar	vam (vàrem) haver	creuat
vau (vàreu)	creuar	vau (vàreu) haver	creuat
van (varen)	creuar	van (varen) haver	creuat

Futur		Futur perfet	
creuaré		hauré	creuat
creuaràs		hauràs	creuat
creuarà		haurà	creuat
creuarem		haurem	creuat
creuareu		haureu	creuat
creuaran		hauran	creuat

Condicional

creuaria
creuaries
creuaria
creuaríem
creuaríeu
creuarien

Condicional perfet

hauria (haguera)	creuat
hauries (hagueres)	creuat
hauria (haguera)	creuat
hauríem (haguérem)	creuat
hauríeu (haguéreu)	creuat
haurien (hagueren)	creuat

SUBJUNTIU

Present

creui
creuis
creui
creuem
creueu
creuin

Perfet

hagi	creuat
hagis	creuat
hagi	creuat
hàgim	creuat
hàgiu	creuat
hagin	creuat

Imperfet

creués
creuessis
creués
creuéssim
creuéssiu
creuessin

Plusquamperfet

hagués	creuat
haguessis	creuat
hagués	creuat
haguéssim	creuat
haguéssiu	creuat
haguessin	creuat

IMPERATIU

—	creuem
creua	creueu
creui	creuin

Formes no personals

Infinitiu

creuar
Perfet: haver creuat

Gerundi

creuant
Perfet: havent creuat

Participi

creuat
creuada
creuats
creuades

Formes personals

INDICATIU

Present
crec
creus
creu
creiem
creieu
creuen

Perfet
he cregut
has cregut
ha cregut
hem cregut
heu cregut
han cregut

Imperfet
creia
creies
creia
crèiem
crèieu
creien

Plusquamperfet
havia cregut
havies cregut
havia cregut
havíem cregut
havíeu cregut
havien cregut

Passat simple
creguí
cregueres
cregué
creguérem
creguéreu
cregueren

Passat anterior
haguí cregut
hagueres cregut
hagué cregut
haguérem cregut
haguéreu cregut
hagueren cregut

Passat perifràstic
vaig creure
vas (vares) creure
va creure
vam (vàrem) creure
vau (vàreu) creure
van (varen) creure

Passat anterior perifràstic
vaig haver cregut
vas (vares) haver cregut
va haver cregut
vam (vàrem) haver cregut
vau (vàreu) haver cregut
van (varen) haver cregut

Futur
creuré
creuràs
creurà
creurem
creureu
creuran

Futur perfet
hauré cregut
hauràs cregut
haurà cregut
haurem cregut
haureu cregut
hauran cregut

Condicional	*Condicional perfet*	
creuria	hauria (haguera)	cregut
creuries	hauries (hagueres)	cregut
creuria	hauria (haguera)	cregut
creuríem	hauríem (haguérem)	cregut
creuríeu	hauríeu (haguéreu)	cregut
creurien	haurien (hagueren)	cregut

SUBJUNTIU

Present	*Perfet*	
cregui	hagi	cregut
creguis	hagis	cregut
cregui	hagi	cregut
creguem	hàgim	cregut
cregueu	hàgiu	cregut
creguin	hagin	cregut

Imperfet	*Plusquamperfet*	
cregués	hagués	cregut
creguessis	haguessis	cregut
cregués	hagués	cregut
creguéssim	haguéssim	cregut
creguéssiu	haguéssiu	cregut
creguessin	haguessin	cregut

IMPERATIU

—	creguem
creu	creieu
cregui	creguin

Formes no personals

Infinitiu	*Participi*
creure	cregut
Perfet: haver cregut	creguda
	creguts
Gerundi	cregudes
creient	
Perfet: havent cregut	

Formes personals

INDICATIU

Present
cruixo
cruixes
cruix
cruixim
cruixiu
cruixen

Perfet
he	cruixit
has	cruixit
ha	cruixit
hem	cruixit
heu	cruixit
han	cruixit

Imperfet
cruixia
cruixies
cruixia
cruixíem
cruixíeu
cruixien

Plusquamperfet
havia	cruixit
havies	cruixit
havia	cruixit
havíem	cruixit
havíeu	cruixit
havien	cruixit

Passat simple
cruixí
cruixires
cruixí
cruixírem
cruixíreu
cruixiren

Passat anterior
haguí	cruixit
hagueres	cruixit
hagué	cruixit
haguérem	cruixit
haguéreu	cruixit
hagueren	cruixit

Passat perifràstic
vaig	cruixir
vas (vares)	cruixir
va	cruixir
vam (vàrem)	cruixir
vau (vàreu)	cruixir
van (varen)	cruixir

Passat anterior perifràstic
vaig haver		cruixit
vas (vares) haver		cruixit
va haver		cruixit
vam (vàrem) haver		cruixit
vau (vàreu) haver		cruixit
van (varen) haver		cruixit

Futur
cruixiré
cruixiràs
cruixirà
cruixirem
cruixireu
cruixiran

Futur perfet
hauré	cruixit
hauràs	cruixit
haurà	cruixit
haurem	cruixit
haureu	cruixit
hauran	cruixit

Condicional
cruixiria
cruixiries
cruixiria
cruixiríem
cruixiríeu
cruixirien

Condicional perfet
hauria (haguera)   cruixit
hauries (hagueres)   cruixit
hauria (haguera)   cruixit
hauríem (haguérem) cruixit
hauríeu (haguéreu)   cruixit
haurien (hagueren)   cruixit

SUBJUNTIU

Present
cruixi
cruixis
cruixi
cruixim
cruixiu
cruixin

Perfet
hagi   cruixit
hagis   cruixit
hagi   cruixit
hàgim   cruixit
hàgiu   cruixit
hagin   cruixit

Imperfet
cruixís
cruixissis
cruixís
cruixíssim
cruixíssiu
cruixissin

Plusquamperfet
hagués   cruixit
haguessis   cruixit
hagués   cruixit
haguéssim   cruixit
haguéssiu   cruixit
haguessin   cruixit

IMPERATIU

—   cruixim
cruix   cruixiu
cruixi   cruixin

Formes no personals

Infinitiu
cruixir
Perfet: haver cruixit

Participi
cruixit
cruixida
cruixits
cruixides

Gerundi
cruixint
Perfet: havent cruixit

■ INDICATIU

Present		Perfet	
—		he	dat
—		has	dat
—		ha	dat
dem		hem	dat
deu		heu	dat
—		han	dat

Imperfet		Plusquamperfet	
dava		havia	dat
daves		havies	dat
dava		havia	dat
dàvem		havíem	dat
dàveu		havíeu	dat
daven		havien	dat

Passat simple		Passat anterior	
di		haguí	dat
dares		hagueres	dat
da		hagué	dat
dàrem		haguérem	dat
dàreu		haguéreu	dat
daren		hagueren	dat

Passat perifràstic		Passat anterior perifràstic	
vaig	dar	vaig haver	dat
vas (vares)	dar	vas (vares) haver	dat
va	dar	va haver	dat
vam (vàrem)	dar	vam (vàrem) haver	dat
vau (vàreu)	dar	vau (vàreu) haver	dat
van (varen)	dar	van (varen) haver	dat

Futur		Futur perfet	
daré		hauré	dat
daràs		hauràs	dat
darà		haurà	dat
darem		haurem	dat
dareu		haureu	dat
daran		hauran	dat

Condicional
daria
daries
daria
daríem
daríeu
darien

Condicional perfet
hauria (haguera) dat
hauries (hagueres) dat
hauria (haguera) dat
hauríem (haguérem) dat
hauríeu (haguéreu) dat
haurien (hagueren) dat

SUBJUNTIU

Present
—
—
—
dem
deu
—

Perfet
hagi dat
hagis dat
hagi dat
hàgim dat
hàgiu dat
hagin dat

Imperfet
des
dessis
des
déssim
déssiu
dessin

Plusquamperfet
hagués dat
haguessis dat
hagués dat
haguéssim dat
haguéssiu dat
haguessin dat

IMPERATIU

—   deu
—   —
dem   —

Formes no personals

Infinitiu
dar
Perfet: haver dat

Gerundi
dant
Perfet: havent dat

Participi
dat
dada
dats
dades

Formes personals

INDICATIU

Present		Perfet	
descloc		he	desclòs
desclous		has	desclòs
desclou		ha	desclòs
descloem		hem	desclòs
descloeu		heu	desclòs
desclouen		han	desclòs

Imperfet		Plusquamperfet	
descloïa		havia	desclòs
descloïes		havies	desclòs
descloïa		havia	desclòs
descloíem		havíem	desclòs
descloíeu		havíeu	desclòs
descloïen		havien	desclòs

Passat simple		Passat anterior	
descloguí		haguí	desclòs
desclogueres		hagueres	desclòs
desclogué		hagué	desclòs
descloguérem		haguérem	desclòs
descloguéreu		haguéreu	desclòs
desclogueren		hagueren	desclòs

Passat perifràstic		Passat anterior perifràstic	
vaig	descloure	vaig haver	desclòs
vas (vares)	descloure	vas (vares) haver	desclòs
va	descloure	va haver	desclòs
vam (vàrem)	descloure	vam (vàrem) haver	desclòs
vau (vàreu)	descloure	vau (vàreu) haver	desclòs
van (varen)	descloure	van (varen) haver	desclòs

Futur		Futur perfet	
desclouré		hauré	desclòs
desclouràs		hauràs	desclòs
desclourà		haurà	desclòs
desclourem		haurem	desclòs
desclfoureu		haureu	desclòs
desclouran		hauran	desclòs

Condicional

desclouria
desclouries
desclouria
desclouríem
desclouríeu
desclourien

Condicional perfet

hauria (haguera) desclòs
hauries (hagueres) desclòs
hauria (haguera) desclòs
hauríem (haguérem) desclòs
hauríeu (haguéreu) desclòs
haurien (hagueren) desclòs

SUBJUNTIU

Present

desclogui
descloguis
desclogui
descloguem
descloguem
descloguin

Perfet

hagi desclòs
hagis desclòs
hagi desclòs
hàgim desclòs
hàgiu desclòs
hagin desclòs

Imperfet

desclogués
descloguessis
desclogués
descloguéssim
descloguéssiu
descloguessin

Plusquamperfet

hagués desclòs
haguessis desclòs
hagués desclòs
haguéssim desclòs
haguéssiu desclòs
haguessin desclòs

IMPERATIU

—   descloguem
desclou   descloeu
desclogui   descloguin

Formes no personals

Infinitiu

descloure
Perfet: haver desclòs

Gerundi

descloent
Perfet: havent desclòs

Participi

desclòs
desclosa
desclosos
descloses

INDICATIU

Present		Perfet	
descuso		he	descosit
descuses		has	descosit
descús		ha	descosit
descosim		hem	descosit
descosiu		heu	descosit
descusen		han	descosit

Imperfet		Plusquamperfet	
descosia		havia	descosit
descosies		havies	descosit
descosia		havia	descosit
descosíem		havíem	descosit
descosíeu		havíeu	descosit
descosien		havien	descosit

Passat simple		Passat anterior	
descosí		haguí	descosit
descosires		hagueres	descosit
descosí		hagué	descosit
descosírem		haguérem	descosit
descosíreu		haguéreu	descosit
descosiren		hagueren	descosit

Passat perifràstic		Passat anterior perifràstic	
vaig	descosir	vaig haver	descosit
vas (vares)	descosir	vas (vares) haver	descosit
va	descosir	va haver	descosit
vam (vàrem)	descosir	vam (vàrem) haver	descosit
vau (vàreu)	descosir	vau (vàreu) haver	descosit
van (varen)	descosir	van (varen) haver	descosit

Futur		Futur perfet	
descosiré		hauré	descosit
descosiràs		hauràs	descosit
descosirà		haurà	descosit
descosirem		haurem	descosit
descosireu		haureu	descosit
descosiran		hauran	descosit

Condicional
descosiria
descosiries
descosiria
descosiríem
descosiríeu
descosirien

Condicional perfet
hauria (haguera)   descosit
hauries (hagueres)   descosit
hauria (haguera)   descosit
hauríem (haguérem) descosit
hauríeu (haguéreu)   descosit
haurien (hagueren)   descosit

SUBJUNTIU

Present
descusi
descusis
descusi
descosim
descosiu
descusin

Perfet
hagi   descosit
hagis   descosit
hagi   descosit
hàgim   descosit
hàgiu   descosit
hagin   descosit

Imperfet
descosís
descosissis
descosís
descosíssim
descosíssiu
descosissin

Plusquamperfet
hagués   descosit
haguessis   descosit
hagués   descosit
haguéssim   descosit
haguéssiu   descosit
haguessin   descosit

IMPERATIU

—   descosim
descús   descosiu
descusi   descusin

Formes no personals

Infinitiu
descosir
Perfet: haver descosit

Gerundi
descosint
Perfet: havent descosit

Participi
descosit
descosida
descosits
descosides

Formes personals

INDICATIU

Present
desfaig
desfàs
desfà
desfem
desfeu
desfan

Perfet
he   desfet
has   desfet
ha   desfet
hem   desfet
heu   desfet
han   desfet

Imperfet
desfeia
desfeies
desfeia
desfèiem
desfèieu
desfeien

Plusquamperfet
havia   desfet
havies   desfet
havia   desfet
havíem   desfet
havíeu   desfet
havien   desfet

Passat simple
desfiu
desferes
desféu
desférem
desféreu
desferen

Passat anterior
haguí   desfet
hagueres   desfet
hagué   desfet
haguérem   desfet
haguéreu   desfet
hagueren   desfet

Passat perifràstic
vaig   desfer
vas (vares)   desfer
va   desfer
vam (vàrem)   desfer
vau (vàreu)   desfer
van (varen)   desfer

Passat anterior perifràstic
vaig haver   desfet
vas (vares) haver   desfet
va haver   desfet
vam (vàrem) haver   desfet
vau (vàreu) haver   desfet
van (varen) haver   desfet

Futur
desfaré
desfaràs
desfarà
desfarem
desfareu
desfaran

Futur perfet
hauré   desfet
hauràs   desfet
haurà   desfet
haurem   desfet
haureu   desfet
hauran   desfet

Condicional	*Condicional perfet*	
desfaria	hauria (haguera)	desfet
desfaries	hauries (hagueres)	desfet
desfaria	hauria (haguera)	desfet
desfaríem	hauríem (haguérem)	desfet
desfaríeu	hauríeu (haguéreu)	desfet
desfarien	haurien (hagueren)	desfet

SUBJUNTIU

Present	*Perfet*	
desfaci	hagi	desfet
desfacis	hagis	desfet
desfaci	hagi	desfet
desfem	hàgim	desfet
desfeu	hàgiu	desfet
desfacin	hagin	desfet

Imperfet	*Plusquamperfet*	
desfés	hagués	desfet
desfessis	haguessis	desfet
desfés	hagués	desfet
desféssim	haguéssim	desfet
desféssiu	haguéssiu	desfet
desfessin	haguessin	desfet

IMPERATIU

—	desfem
desfés	desfeu
desfaci	desfacin

Formes no personals

Infinitiu	*Participi*
desfer	desfet
Perfet: haver desfet	desfeta
	desfets
	desfetes

Gerundi
desfent
Perfet: havent desfet

INDICATIU

Present	Perfet	
dic	he	dit
dius	has	dit
diu	ha	dit
diem	hem	dit
dieu	heu	dit
diuen	han	dit

Imperfet	Plusquamperfet	
deia	havia	dit
deies	havies	dit
deia	havia	dit
dèiem	havíem	dit
dèieu	havíeu	dit
deien	havien	dit

Passat simple	Passat anterior	
diguí	haguí	dit
digueres	hagueres	dit
digué	hagué	dit
diguérem	haguérem	dit
diguéreu	haguéreu	dit
digueren	hagueren	dit

Passat perifràstic		Passat anterior perifràstic	
vaig	dir	vaig haver	dit
vas (vares)	dir	vas (vares) haver	dit
va	dir	va haver	dit
vam (vàrem)	dir	vam (vàrem) haver	dit
vau (vàreu)	dir	vau (vàreu) haver	dit
van (varen)	dir	van (varen) haver	dit

Futur	Futur perfet	
diré	hauré	dit
diràs	hauràs	dit
dirà	haurà	dit
direm	haurem	dit
direu	haureu	dit
diran	hauran	dit

Condicional
diria
diries
diria
diríem
diríeu
dirien

Condicional perfet
hauria (haguera) dit
hauries (hagueres) dit
hauria (haguera) dit
hauríem (haguérem) dit
hauríeu (haguéreu) dit
haurien (hagueren) dit

SUBJUNTIU

Present
digui
diguis
digui
diguem
digueu
diguin

Perfet
hagi dit
hagis dit
hagi dit
hàgim dit
hàgiu dit
hagin dit

Imperfet
digués
diguessis
digués
diguéssim
diguéssiu
diguessin

Plusquamperfet
hagués dit
haguessis dit
hagués dit
haguéssim dit
haguéssiu dit
haguessin dit

IMPERATIU

—   diguem
digues   digueu
digui   diguin

Formes no personals

Infinitiu
dir
Perfet: haver dit

Gerundi
dient
Perfet: havent dit

Participi
dit
dita
dits
dites

Formes personals

■ INDICATIU

Present		*Perfet*	
dolc		he	dolgut
dols		has	dolgut
dol		ha	dolgut
dolem		hem	dolgut
doleu		heu	dolgut
dolen		han	dolgut

Imperfet		*Plusquamperfet*	
dolia		havia	dolgut
dolies		havies	dolgut
dolia		havia	dolgut
dolíem		havíem	dolgut
dolíeu		havíeu	dolgut
dolien		havien	dolgut

Passat simple		*Passat anterior*	
dolguí		haguí	dolgut
dolgueres		hagueres	dolgut
dolgué		hagué	dolgut
dolguérem		haguérem	dolgut
dolguéreu		haguéreu	dolgut
dolgueren		hagueren	dolgut

Passat perifràstic		*Passat anterior perifràstic*	
vaig	doldre	vaig haver	dolgut
vas (vares)	doldre	vas (vares) haver	dolgut
va	doldre	va haver	dolgut
vam (vàrem)	doldre	vam (vàrem) haver	dolgut
vau (vàreu)	doldre	vau (vàreu) haver	dolgut
van (varen)	doldre	van (varen) haver	dolgut

Futur		*Futur perfet*	
doldré		hauré	dolgut
doldràs		hauràs	dolgut
doldrà		haurà	dolgut
doldrem		haurem	dolgut
doldreu		haureu	dolgut
doldran		hauran	dolgut

Condicional
doldria
doldries
doldria
doldríem
doldríeu
doldrien

Condicional perfet
hauria (haguera) dolgut
hauries (hagueres) dolgut
hauria (haguera) dolgut
hauríem (haguérem) dolgut
hauríeu (haguéreu) dolgut
haurien (hagueren) dolgut

SUBJUNTIU

Present
dolgui
dolguis
dolgui
dolguem
dolgueu
dolguin

Perfet
hagi dolgut
hagis dolgut
hagi dolgut
hàgim dolgut
hàgiu dolgut
hagin dolgut

Imperfet
dolgués
dolguessis
dolgués
dolguéssim
dolguéssiu
dolguessin

Plusquamperfet
hagués dolgut
haguessis dolgut
hagués dolgut
haguéssim dolgut
haguéssiu dolgut
haguessin dolgut

IMPERATIU

—
dol
dolgui

dolguem
doleu
dolguin

Formes no personals

Infinitiu
doldre
Perfet: haver dolgut

Gerundi
dolent
Perfet: havent dolgut

Participi
dolgut
dolguda
dolguts
dolgudes

Formes personals

▉ INDICATIU

Present
dono
dónes
dóna
donem
doneu
donen

Perfet
he donat
has donat
ha donat
hem donat
heu donat
han donat

Imperfet
donava
donaves
donava
donàvem
donàveu
donaven

Plusquamperfet
havia donat
havies donat
havia donat
havíem donat
havíeu donat
havien donat

Passat simple
doní
donares
donà
donàrem
donàreu
donaren

Passat anterior
haguí donat
hagueres donat
hagué donat
haguérem donat
haguéreu donat
hagueren donat

Passat perifràstic
vaig donar
vas (vares) donar
va donar
vam (vàrem) donar
vau (vàreu) donar
van (varen) donar

Passat anterior perifràstic
vaig haver donat
vas (vares) haver donat
va haver donat
vam (vàrem) haver donat
vau (vàreu) haver donat
van (varen) haver donat

Futur
donaré
donaràs
donarà
donarem
donareu
donaran

Futur perfet
hauré donat
hauràs donat
haurà donat
haurem donat
haureu donat
hauran donat

Condicional

donaria
donaries
donaria
donaríem
donaríeu
donarien

Condicional perfet

hauria (haguera)   donat
hauries (hagueres)   donat
hauria (haguera)   donat
hauríem (haguérem)   donat
hauríeu (haguéreu)   donat
haurien (hagueren)   donat

SUBJUNTIU

Present

doni
donis
doni
donem
doneu
donin

Perfet

hagi   donat
hagis   donat
hagi   donat
hàgim   donat
hàgiu   donat
hagin   donat

Imperfet

donés
donessis
donés
donéssim
donéssiu
donessin

Plusquamperfet

hagués   donat
haguessis   donat
hagués   donat
haguéssim   donat
haguéssiu   donat
haguessin   donat

IMPERATIU

—   donem
dóna   doneu
doni   donin

Formes no personals

Infinitiu

donar
Perfet: haver donat

Gerundi

donant
Perfet: havent donat

Participi

donat
donada
donats
donades

Formes personals

■ INDICATIU

Present

dormo
dorms
dorm
dormim
dormiu
dormen

Perfet

he	dormit
has	dormit
ha	dormit
hem	dormit
heu	dormit
han	dormit

Imperfet

dormia
dormies
dormia
dormíem
dormíeu
dormien

Plusquamperfet

havia	dormit
havies	dormit
havia	dormit
havíem	dormit
havíeu	dormit
havien	dormit

Passat simple

dormí
dormires
dormí
dormírem
dormíreu
dormiren

Passat anterior

haguí	dormit
hagueres	dormit
hagué	dormit
haguérem	dormit
haguéreu	dormit
hagueren	dormit

Passat perifràstic

vaig	dormir
vas (vares)	dormir
va	dormir
vam (vàrem)	dormir
vau (vàreu)	dormir
van (varen)	dormir

Passat anterior perifràstic

vaig haver	dormit
vas (vares) haver	dormit
va haver	dormit
vam (vàrem) haver	dormit
vau (vàreu) haver	dormit
van (varen) haver	dormit

Futur

dormiré
dormiràs
dormirà
dormirem
dormireu
dormiran

Futur perfet

hauré	dormit
hauràs	dormit
haurà	dormit
haurem	dormit
haureu	dormit
hauran	dormit

Condicional
dormiria
dormiries
dormiria
dormiríem
dormiríeu
dormirien

Condicional perfet

hauria (haguera)	dormit
hauries (hagueres)	dormit
hauria (haguera)	dormit
hauríem (haguérem)	dormit
hauríeu (haguéreu)	dormit
haurien (hagueren)	dormit

SUBJUNTIU

Present
dormi
dormis
dormi
dormim
dormiu
dormin

Perfet

hagi	dormit
hagis	dormit
hagi	dormit
hàgim	dormit
hàgiu	dormit
hagin	dormit

Imperfet
dormís
dormissis
dormís
dormíssim
dormíssiu
dormissin

Plusquamperfet

hagués	dormit
haguessis	dormit
hagués	dormit
haguéssim	dormit
haguéssiu	dormit
haguessin	dormit

IMPERATIU

—	dormim
dorm	dormiu
dormi	dormin

Formes no personals

Infinitiu
dormir
Perfet: haver dormit

Gerundi
dormint
Perfet: havent dormit

Participi
dormit
dormida
dormits
dormides

INDICATIU

Present		Perfet	
duc		he	dut
duus (dus)		has	dut
duu (du)		ha	dut
duem		hem	dut
dueu		heu	dut
duen		han	dut

Imperfet		Plusquamperfet	
duia		havia	dut
duies		havies	dut
duia		havia	dut
dúiem		havíem	dut
dúieu		havíeu	dut
duien		havien	dut

Passat simple		Passat anterior	
duguí		haguí	dut
dugueres		hagueres	dut
dugué		hagué	dut
duguérem		haguérem	dut
duguéreu		haguéreu	dut
dugueren		hagueren	dut

Passat perifràstic		Passat anterior perifràstic	
vaig	dur	vaig haver	dut
vas (vares)	dur	vas (vares) haver	dut
va	dur	va haver	dut
vam (vàrem)	dur	vam (vàrem) haver	dut
vau (vàreu)	dur	vau (vàreu) haver	dut
van (varen)	dur	van (varen) haver	dut

Futur		Futur perfet	
duré		hauré	dut
duràs		hauràs	dut
durà		haurà	dut
durem		haurem	dut
dureu		haureu	dut
duran		hauran	dut

Condicional
duria
duries
duria
duríem
duríeu
durien

Condicional perfet
hauria (haguera) dut
hauries (hagueres) dut
hauria (haguera) dut
hauríem (haguérem) dut
hauríeu (haguéreu) dut
haurien (hagueren) dut

SUBJUNTIU

Present
dugui
duguis
dugui
duguem
dugueu
duguin

Perfet
hagi dut
hagis dut
hagi dut
hàgim dut
hàgiu dut
hagin dut

Imperfet
dugués
duguessis
dugués
duguéssim
duguéssiu
duguessin

Plusquamperfet
hagués dut
haguessis dut
hagués dut
haguéssim dut
haguéssiu dut
haguessin dut

IMPERATIU

—   duguem
duu (du)   dueu
dugui   duguin

Formes no personals

Infinitiu
dur
Perfet: haver dut

Gerundi
duent
Perfet: havent dut

Participi
dut
duta
duts
dutes

INDICATIU

Present		Perfet	
ixo		he	eixit
ixes		has	eixit
ix		ha	eixit
eixim		hem	eixit
eixiu		heu	eixit
ixen		han	eixit

Imperfet		Plusquamperfet	
eixia		havia	eixit
eixies		havies	eixit
eixia		havia	eixit
eixíem		havíem	eixit
eixíeu		havíeu	eixit
eixien		havien	eixit

Passat simple		Passat anterior	
eixí		haguí	eixit
eixires		hagueres	eixit
eixí		hagué	eixit
eixírem		haguérem	eixit
eixíreu		haguéreu	eixit
eixiren		hagueren	eixit

Passat perifràstic		Passat anterior perifràstic	
vaig	eixir	vaig haver	eixit
vas (vares)	eixir	vas (vares) haver	eixit
va	eixir	va haver	eixit
vam (vàrem)	eixir	vam (vàrem) haver	eixit
vau (vàreu)	eixir	vau (vàreu) haver	eixit
van (varen)	eixir	van (varen) haver	eixit

Futur		Futur perfet	
eixiré		hauré	eixit
eixiràs		hauràs	eixit
eixirà		haurà	eixit
eixirem		haurem	eixit
eixereu		haureu	eixit
eixiran		hauran	eixit

Condicional

eixiria
eixiries
eixiria
eixiríem
eixiríeu
eixirien

Condicional perfet

hauria (haguera)	eixit
hauries (hagueres)	eixit
hauria (haguera)	eixit
hauríem (haguérem)	eixit
hauríeu (haguéreu)	eixit
haurien (hagueren)	eixit

SUBJUNTIU

Present

ixi
ixis
ixi
eixim
eixiu
ixin

Perfet

hagi	eixit
hagis	eixit
hagi	eixit
hàgim	eixit
hàgiu	eixit
hagin	eixit

Imperfet

eixís
eixissis
eixís
eixíssim
eixíssiu
eixissin

Plusquamperfet

hagués	eixit
haguessis	eixit
hagués	eixit
haguéssim	eixit
haguéssiu	eixit
haguessin	eixit

IMPERATIU

—	eixim
ix	eixiu
ixi	ixin

Formes no personals

Infinitiu

eixir
Perfet: haver eixit

Gerundi

eixint
Perfet: havent eixit

Participi

eixit
eixida
eixits
eixides

Formes personals

INDICATIU

Present		*Perfet*	
enaiguo		he	enaiguat
enaigües		has	enaiguat
enaigua		ha	enaiguat
enaigüem		hem	enaiguat
enaigüeu		heu	enaiguat
enaigüen		han	enaiguat

Imperfet		*Plusquamperfet*	
enaiguava		havia	enaiguat
enaiguaves		havies	enaiguat
enaiguava		havia	enaiguat
enaiguàvem		havíem	enaiguat
enaiguàveu		havíeu	enaiguat
enaiguaven		havien	enaiguat

Passat simple		*Passat anterior*	
enaigüí		haguí	enaiguat
enaiguares		hagueres	enaiguat
enaiguà		hagué	enaiguat
enaiguàrem		haguérem	enaiguat
enaiguàreu		haguéreu	enaiguat
enaiguaren		hagueren	enaiguat

Passat perifràstic		*Passat anterior perifràstic*	
vaig	enaiguar	vaig haver	enaiguat
vas (vares)	enaiguar	vas (vares) haver	enaiguat
va	enaiguar	va haver	enaiguat
vam (vàrem)	enaiguar	vam (vàrem) haver	enaiguat
vau (vàreu)	enaiguar	vau (vàreu) haver	enaiguat
van (varen)	enaiguar	van (varen) haver	enaiguat

Futur		*Futur perfet*	
enaiguaré		hauré	enaiguat
enaiguaràs		hauràs	enaiguat
enaiguarà		haurà	enaiguat
enaiguarem		haurem	enaiguat
enaiguareu		haureu	enaiguat
enaiguaran		hauran	enaiguat

Condicional
enaiguaria
enaiguaries
enaiguaria
enaiguaríem
enaiguaríeu
enaiguarien

Condicional perfet
hauria (haguera) enaiguat
hauries (hagueres) enaiguat
hauria (haguera) enaiguat
hauríem (haguérem) enaiguat
hauríeu (haguéreu) enaiguat
haurien (hagueren) enaiguat

SUBJUNTIU

Present
enaigüi
enaigüis
enaigüi
enaigüem
enaigüeu
enaigüin

Perfet
hagi enaiguat
hagis enaiguat
hagi enaiguat
hàgim enaiguat
hàgiu enaiguat
hagin enaiguat

Imperfet
enaigüés
enaigüessis
enaigüés
enaigüéssim
enaigüéssiu
enaigüessin

Plusquamperfet
hagués enaiguat
haguessis enaiguat
hagués enaiguat
haguéssim enaiguat
haguéssiu enaiguat
haguessin enaiguat

IMPERATIU

—   enaigüem
enaigua   enaigüeu
enaigüi   enaigüin

Formes no personals

Infinitiu
enaiguar
Perfet: haver enaiguat

Participi
enaiguat
enaiguada
enaiguats
enaiguades

Gerundi
enaiguant
Perfet: havent enaiguat

Formes personals

INDICATIU

Present

enduc	
enduus (o endús)	
enduu (o endú)	
enduem	
endueu	
enduen	

Perfet

he	endut
has	endut
ha	endut
hem	endut
heu	endut
han	endut

Imperfet

enduia	
enduies	
enduia	
endúiem	
endúieu	
enduien	

Plusquamperfet

havia	endut
havies	endut
havia	endut
havíem	endut
havíeu	endut
havien	endut

Passat simple

enduguí	
endugueres	
endugué	
enduguérem	
enduguéreu	
endugueren	

Passat anterior

haguí	endut
hagueres	endut
hagué	endut
haguérem	endut
haguéreu	endut
hagueren	endut

Passat perifràstic

vaig	endur
vas (vares)	endur
va	endur
vam (vàrem)	endur
vau (vàreu)	endur
van (varen)	endur

Passat anterior perifràstic

vaig haver		endut
vas (vares) haver		endut
va haver		endut
vam (vàrem) haver		endut
vau (vàreu) haver		endut
van (varen) haver		endut

Futur

enduré	
enduràs	
endurà	
endurem	
endureu	
enduran	

Futur perfet

hauré	endut
hauràs	endut
haurà	endut
haurem	endut
haureu	endut
hauran	endut

Condicional
enduria
enduries
enduria
enduríem
enduríeu
endurien

Condicional perfet
hauria (haguera) endut
hauries (hagueres) endut
hauria (haguera) endut
hauríem (haguérem) endut
hauríeu (haguéreu) endut
haurien (hagueren) endut

SUBJUNTIU

Present
endugui
enduguis
endugui
enduguem
endugueu
enduguin

Perfet
hagi endut
hagis endut
hagi endut
hàgim endut
hàgiu endut
hagin endut

Imperfet
endugués
enduguessis
endugués
enduguéssim
enduguéssiu
enduguessin

Plusquamperfet
hagués endut
haguessis endut
hagués endut
haguéssim endut
haguéssiu endut
haguessin endut

IMPERATIU

—   enduguem
enduu (o endú)   endueu
endugui   enduguin

Formes no personals

Infinitiu
endur
Perfet: haver endut

Participi
endut
enduta
enduts
endutes

Gerundi
enduent
Perfet: havent endut

INDICATIU

Present		Perfet	
enfonc		he	enfús
enfons		has	enfús
enfon		ha	enfús
enfonem		hem	enfús
enfoneu		heu	enfús
enfonen		han	enfús

Imperfet		Plusquamperfet	
enfonia		havia	enfús
enfonies		havies	enfús
enfonia		havia	enfús
enfoníem		havíem	enfús
enfoníeu		havíeu	enfús
enfonien		havien	enfús

Passat simple		Passat anterior	
enfonguí		haguí	enfús
enfongueres		hagueres	enfús
enfongué		hagué	enfús
enfonguérem		haguérem	enfús
enfonguéreu		haguéreu	enfús
enfongueren		hagueren	enfús

Passat perifràstic		Passat anterior perifràstic	
vaig	enfondre	vaig haver	enfús
vas (vares)	enfondre	vas (vares) haver	enfús
va	enfondre	va haver	enfús
vam (vàrem)	enfondre	vam (vàrem) haver	enfús
vau (vàreu)	enfondre	vau (vàreu) haver	enfús
van (varen)	enfondre	van (varen) haver	enfús

Futur		Futur perfet	
enfondré		hauré	enfús
enfondràs		hauràs	enfús
enfondrà		haurà	enfús
enfondrem		haurem	enfús
enfondreu		haureu	enfús
enfondran		hauran	enfús

Condicional
enfondria
enfondries
enfondria
enfondríem
enfondríeu
enfondrien

Condicional perfet

hauria (haguera)	enfús
hauries (hagueres)	enfús
hauria (haguera)	enfús
hauríem (haguérem)	enfús
hauríeu (haguéreu)	enfús
haurien (hagueren)	enfús

◼ SUBJUNTIU

Present
enfongui
enfonguis
enfongui
enfonguem
enfongueu
enfonguin

Perfet

hagi	enfús
hagis	enfús
hagi	enfús
hàgim	enfús
hàgiu	enfús
hagin	enfús

Imperfet
enfongués
enfonguessis
enfongués
enfonguéssim
enfonguéssiu
enfonguessin

Plusquamperfet

hagués	enfús
haguessis	enfús
hagués	enfús
haguéssim	enfús
haguéssiu	enfús
haguessin	enfús

◼ IMPERATIU

—	enfonguem
enfon	enfoneu
enfongui	enfonguin

Formes no personals

Infinitiu
enfondre
Perfet: haver enfús

Gerundi
enfonent
Perfet: havent enfús

Participi
enfús
enfusa
enfusos
enfuses

Formes personals

INDICATIU

Present		Perfet	
entrelluo		he	entrelluït
entrelluus		has	entrelluït
entrelluu (*o* entrellú)		ha	entrelluït
entrelluem		hem	entrelluït
entrelluïu		heu	entrelluït
entrelluen		han	entrelluït

Imperfet		Plusquamperfet	
entrelluïa		havia	entrelluït
entrelluïes		havies	entrelluït
entrelluïa		havia	entrelluït
entrelluíem		havíem	entrelluït
entrelluíeu		havíeu	entrelluït
entrelluïen		havien	entrelluït

Passat simple		Passat anterior	
entrelluí		haguí	entrelluït
entrelluïres		hagueres	entrelluït
entrelluí		hagué	entrelluït
entrelluírem		haguérem	entrelluït
entrelluíreu		haguéreu	entrelluït
entrelluïren		hagueren	entrelluït

Passat perifràstic		Passat anterior perifràstic	
vaig	entrelluir	vaig haver	entrelluït
vas (vares)	entrelluir	vas (vares) haver	entrelluït
va	entrelluir	va haver	entrelluït
vam (vàrem)	entrelluir	vam (vàrem) haver	entrelluït
vau (vàreu)	entrelluir	vau (vàreu) haver	entrelluït
van (varen)	entrelluir	van (varen) haver	entrelluït

Futur		Futur perfet	
entrelluiré		hauré	entrelluït
entrelluiràs		hauràs	entrelluït
entrelluirà		haurà	entrelluït
entrelluirem		haurem	entrelluït
entrelluireu		haureu	entrelluït
entrelluiran		hauran	entrelluït

Condicional

entrelluiria
entrelluiries
entrelluiria
entrelluiríem
entrelluiríeu
entrelluirien

Condicional perfet

hauria (haguera)	entrelluït
hauries (hagueres)	entrelluït
hauria (haguera)	entrelluït
hauríem (haguérem)	entrelluït
hauríeu (haguéreu)	entrelluït
haurien (hagueren)	entrelluït

SUBJUNTIU

Present

entrelluï
entrelluïs
entrelluï
entrelluïm
entrelluïu
entrelluïn

Perfet

hagi	entrelluït
hagis	entrelluït
hagi	entrelluït
hàgim	entrelluït
hàgiu	entrelluït
hagin	entrelluït

Imperfet

entrelluís
entrelluïssis
entrelluís
entrelluíssim
entrelluíssiu
entrelluïssin

Plusquamperfet

hagués	entrelluït
haguessis	entrelluït
hagués	entrelluït
haguéssim	entrelluït
haguéssiu	entrelluït
haguessin	entrelluït

IMPERATIU

—	entrelluïm
entrelluu (o entrellú)	entrelluïu
entrelluï	entrelluïn

Formes no personals

Infinitiu

entrelluir
Perfet: haver entrelluït

Gerundi

entrelluint
Perfet: havent entrelluït

Participi

entrelluït
entrelluïda
entrelluïts
entrelluïdes

INDICATIU

Present

envejo
enveges
enveja
envegem
envegeu
envegen

Perfet

he	envejat
has	envejat
ha	envejat
hem	envejat
heu	envejat
han	envejat

Imperfet

envejava
envejaves
envejava
envejàvem
envejàveu
envejaven

Plusquamperfet

havia	envejat
havies	envejat
havia	envejat
havíem	envejat
havíeu	envejat
havien	envejat

Passat simple

envegí
envejares
envejà
envejàrem
envejàreu
envejaren

Passat anterior

haguí	envejat
hagueres	envejat
hagué	envejat
haguérem	envejat
haguéreu	envejat
hagueren	envejat

Passat perifràstic

vaig	envejar
vas (vares)	envejar
va	envejar
vam (vàrem)	envejar
vau (vàreu)	envejar
van (varen)	envejar

Passat anterior perifràstic

vaig haver	envejat
vas (vares) haver	envejat
va haver	envejat
vam (vàrem) haver	envejat
vau (vàreu) haver	envejat
van (varen) haver	envejat

Futur

envejaré
envejaràs
envejarà
envejarem
envejareu
envejaran

Futur perfet

hauré	envejat
hauràs	envejat
haurà	envejat
haurem	envejat
haureu	envejat
hauran	envejat

Condicional
envejaria
envejaries
envejaria
envejaríem
envejaríeu
envejarien

Condicional perfet

hauria (haguera)	envejat
hauries (hagueres)	envejat
hauria (haguera)	envejat
hauríem (haguérem)	envejat
hauríeu (haguéreu)	envejat
haurien (hagueren)	envejat

SUBJUNTIU

Present
envegi
envegis
envegi
envegem
envegeu
envegin

Perfet

hagi	envejat
hagis	envejat
hagi	envejat
hàgim	envejat
hàgiu	envejat
hagin	envejat

Imperfet
envegés
envegessis
envegés
envegéssim
envegéssiu
envegessin

Plusquamperfet

hagués	envejat
haguessis	envejat
hagués	envejat
haguéssim	envejat
haguéssiu	envejat
haguessin	envejat

IMPERATIU

—	envegem
enveja	envegeu
envegi	envegin

Formes no personals

Infinitiu
envejar
Perfet: haver envejat

Gerundi
envejant
Perfet: havent envejat

Participi
envejat
envejada
envejats
envejades

■ INDICATIU

Present		*Perfet*	
escric		he	escrit
escrius		has	escrit
escriu		ha	escrit
escrivim		hem	escrit
escriviu		heu	escrit
escriuen		han	escrit

Imperfet		*Plusquamperfet*	
escrivia		havia	escrit
escrivies		havies	escrit
escrivia		havia	escrit
escrivíem		havíem	escrit
escrivíeu		havíeu	escrit
escrivien		havien	escrit

Passat simple		*Passat anterior*	
escriví (escriguí)		haguí	escrit
escrivires (escrigueres)		hagueres	escrit
escriví (escrigué)		hagué	escrit
escrivírem (escriguérem)		haguérem	escrit
escrivíreu (escriguéreu)		haguéreu	escrit
escriviren (escrigueren)		hagueren	escrit

Passat perifràstic		*Passat anterior perifràstic*	
vaig	escriure	vaig haver	escrit
vas (vares)	escriure	vas (vares) haver	escrit
va	escriure	va haver	escrit
vam (vàrem)	escriure	vam (vàrem) haver	escrit
vau (vàreu)	escriure	vau (vàreu) haver	escrit
van (varen)	escriure	van (varen) haver	escrit

Futur		*Futur perfet*	
escriuré		hauré	escrit
escriuràs		hauràs	escrit
escriurà		haurà	escrit
escriurem		haurem	escrit
escriureu		haureu	escrit
escriuran		hauran	escrit

Condicional

escriuria
escriuries
escriuria
escriuríem
escriuríeu
escriurien

Condicional perfet

hauria (haguera)	escrit
hauries (hagueres)	escrit
hauria (haguera)	escrit
hauríem (haguérem)	escrit
hauríeu (haguéreu)	escrit
haurien (hagueren)	escrit

SUBJUNTIU

Present

escrigui
escriguis
escrigui
escriguem
escrigueu
escriguin

Perfet

hagi	escrit
hagis	escrit
hagi	escrit
hàgim	escrit
hàgiu	escrit
hagin	escrit

Imperfet

escrivís (escrigués)
escrivissis (escriguessis)
escrivís (escrigués)
escrivíssim (escriguéssim)
escrivíssiu (escriguéssiu)
escrivissin (escriguessin)

Plusquamperfet

hagués	escrit
haguessis	escrit
hagués	escrit
haguéssim	escrit
haguéssiu	escrit
haguessin	escrit

IMPERATIU

—	escriguem
escriu	escriviu
escrigui	escriguin

Formes no personals

Infinitiu

escriure
Perfet: haver escrit

Gerundi

escrivint
Perfet: havent escrit

Participi

escrit
escrita
escrits
escrites

INDICATIU

Present
esglaio
esglaies
esglaia
esglaiem
esglaieu
esglaien

Perfet
he esglaiat
has esglaiat
ha esglaiat
hem esglaiat
heu esglaiat
han esglaiat

Imperfet
esglaiava
esglaiaves
esglaiava
esglaiàvem
esglaiàveu
esglaiaven

Plusquamperfet
havia esglaiat
havies esglaiat
havia esglaiat
havíem esglaiat
havíeu esglaiat
havien esglaiat

Passat simple
esglaí
esglaiares
esglaià
esglaiàrem
esglaiàreu
esglaiaren

Passat anterior
haguí esglaiat
hagueres esglaiat
hagué esglaiat
haguérem esglaiat
haguéreu esglaiat
hagueren esglaiat

Passat perifràstic
vaig esglaiar
vas (vares) esglaiar
va esglaiar
vam (vàrem) esglaiar
vau (vàreu) esglaiar
van (varen) esglaiar

Passat anterior perifràstic
vaig haver esglaiat
vas (vares) haver esglaiat
va haver esglaiat
vam (vàrem) haver esglaiat
vau (vàreu) haver esglaiat
van (varen) haver esglaiat

Futur
esglaiaré
esglaiaràs
esglaiarà
esglaiarem
esglaiareu
esglaiaran

Futur perfet
hauré esglaiat
hauràs esglaiat
haurà esglaiat
haurem esglaiat
haureu esglaiat
hauran esglaiat

Condicional

esglaiaria
esglaiaries
esglaiaria
esglaiaríem
esglaiaríeu
esglaiarien

Condicional perfet

hauria (haguera) esglaiat
hauries (hagueres) esglaiat
hauria (haguera) esglaiat
hauríem (haguérem) esglaiat
hauríeu (haguéreu) esglaiat
haurien (hagueren) esglaiat

▨ SUBJUNTIU

Present

esglaï
esglaïs
esglaï
esglaiem
esglaieu
esglaïn

Perfet

hagi esglaiat
hagis esglaiat
hagi esglaiat
hàgim esglaiat
hàgiu esglaiat
hagin esglaiat

Imperfet

esglaiés
esglaiessis
esglaiés
esglaiéssim
esglaiéssiu
esglaiessin

Plusquamperfet

hagués esglaiat
haguessis esglaiat
hagués esglaiat
haguéssim esglaiat
haguéssiu esglaiat
haguessin esglaiat

▨ IMPERATIU

— esglaiem
esglaia esglaieu
esglaï esglaïn

Formes no personals

Infinitiu

esglaiar
Perfet: haver esglaiat

Gerundi

esglaiant
Perfet: havent esglaiat

Participi

esglaiat
esglaiada
esglaiats
esglaiades

INDICATIU

Present

sóc
ets
és
som
sou
són

Perfet

he estat
has estat
ha estat
hem estat
heu estat
han estat

Imperfet

era
eres
era
érem
éreu
eren

Plusquamperfet

havia estat
havies estat
havia estat
havíem estat
havíeu estat
havien estat

Passat simple

fui
fores
fou
fórem
fóreu
foren

Passat anterior

haguí estat
hagueres estat
hagué estat
haguérem estat
haguéreu estat
hagueren estat

Passat perifràstic

vaig   ésser
vas (vares)   ésser
va   ésser
vam (vàrem)   ésser
vau (vàreu)   ésser
van (varen)   ésser

Passat anterior perifràstic

vaig haver   estat
vas (vares) haver   estat
va haver   estat
vam (vàrem) haver   estat
vau (vàreu) haver   estat
van (varen) haver   estat

Futur

seré
seràs
serà
serem
sereu
seran

Futur perfet

hauré estat
hauràs estat
haurà estat
haurem estat
haureu estat
hauran estat

Condicional
seria (fóra)
series (fores)
seria (fóra)
seríem (fórem)
seríeu (foreu)
serien (foren)

Condicional perfet
hauria (haguera) estat
hauries (hagueres) estat
hauria (haguera) estat
hauríem (haguérem) estat
hauríeu (haguéreu) estat
haurien (hagueren) estat

SUBJUNTIU

Present
sigui
siguis
sigui
siguem
sigueu
siguin

Perfet
hagi estat
hagis estat
hagi estat
hàgim estat
hàgiu estat
hagin estat

Imperfet
fos
fossis
fos
fóssim
fóssiu
fossin

Plusquamperfet
hagués estat
haguessis estat
hagués estat
haguéssim estat
haguéssiu estat
haguessin estat

IMPERATIU
— siguem
sigues sigueu
sigui siguin

Formes no personals

Infinitiu
ésser (ser)
Perfet: haver estat

Gerundi
essent (sent)
Perfet: havent estat

Participi
estat
estada
estats
estades
(*o* sigut siguda
siguts sigudes)

INDICATIU

Present
estic
estàs
està
estem
esteu
estan

Perfet
he estat
has estat
ha estat
hem estat
heu estat
han estat

Imperfet
estava
estaves
estava
estàvem
estàveu
estaven

Plusquamperfet
havia estat
havies estat
havia estat
havíem estat
havíeu estat
havien estat

Passat simple
estiguí
estigueres
estigué
estiguérem
estiguéreu
estigueren

Passat anterior
haguí estat
hagueres estat
hagué estat
haguérem estat
haguéreu estat
hagueren estat

Passat perifràstic
vaig estar
vas (vares) estar
va estar
vam (vàrem) estar
vau (vàreu) estar
van (varen) estar

Passat anterior perifràstic
vaig haver estat
vas (vares) haver estat
va haver estat
vam (vàrem) haver estat
vau (vàreu) haver estat
van (varen) haver estat

Futur
estaré
estaràs
estarà
estarem
estareu
estaran

Futur perfet
hauré estat
hauràs estat
haurà estat
haurem estat
haureu estat
hauran estat

Condicional

estaria
estaries
estaria
estaríem
estaríeu
estarien

Condicional perfet

hauria (haguera)   estat
hauries (hagueres)   estat
hauria (haguera)   estat
hauríem (haguérem)   estat
hauríeu (haguéreu)   estat
haurien (hagueren)   estat

SUBJUNTIU

Present

estigui
estiguis
estigui
estiguem
estigueu
estiguin

Perfet

hagi   estat
hagis   estat
hagi   estat
hàgim   estat
hàgiu   estat
hagin   estat

Imperfet

estigués
estiguessis
estigués
estiguéssim
estiguéssiu
estiguessin

Plusquamperfet

hagués   estat
haguessis   estat
hagués   estat
haguéssim   estat
haguéssiu   estat
haguessin   estat

IMPERATIU

—   estiguem
estigues   estigueu
estigui   estiguin

Formes no personals

Infinitiu

estar
Perfet: haver estat

Gerundi

estant
Perfet: havent estat

Participi

estat
estada
estats
estades

INDICATIU

Present

evacuo
evacues
evacua
evacuem
evacueu
evacuen

Perfet

he	evacuat
has	evacuat
ha	evacuat
hem	evacuat
heu	evacuat
han	evacuat

Imperfet

evacuava
evacuaves
evacuava
evacuàvem
evacuàveu
evacuaven

Plusquamperfet

havia	evacuat
havies	evacuat
havia	evacuat
havíem	evacuat
havíeu	evacuat
havien	evacuat

Passat simple

evacuí
evacuares
evacuà
evacuàrem
evacuàreu
evacuaren

Passat anterior

haguí	evacuat
hagueres	evacuat
hagué	evacuat
haguérem	evacuat
haguéreu	evacuat
hagueren	evacuat

Passat perifràstic

vaig	evacuar
vas (vares)	evacuar
va	evacuar
vam (vàrem)	evacuar
vau (vàreu)	evacuar
van (varen)	evacuar

Passat anterior perifràstic

vaig haver	evacuat
vas (vares) haver	evacuat
va haver	evacuat
vam (vàrem) haver	evacuat
vau (vàreu) haver	evacuat
van (varen) haver	evacuat

Futur

evacuaré
evacuaràs
evacuarà
evacuarem
evacuareu
evacuaran

Futur perfet

hauré	evacuat
hauràs	evacuat
haurà	evacuat
haurem	evacuat
haureu	evacuat
hauran	evacuat

Condicional

evacuaria
evacuaries
evacuaria
evacuaríem
evacuaríeu
evacuarien

Condicional perfet

hauria (haguera)	evacuat
hauries (hagueres)	evacuat
hauria (haguera)	evacuat
hauríem (haguérem)	evacuat
hauríeu (haguéreu)	evacuat
haurien (hagueren)	evacuat

SUBJUNTIU

Present

evacuï
evacuïs
evacuï
evacuem
evacueu
evacuïn

Perfet

hagi	evacuat
hagis	evacuat
hagi	evacuat
hàgim	evacuat
hàgiu	evacuat
hagin	evacuat

Imperfet

evacués
evacuessis
evacués
evacuéssim
evacuéssiu
evacuessin

Plusquamperfet

hagués	evacuat
haguessis	evacuat
hagués	evacuat
haguéssim	evacuat
haguéssiu	evacuat
haguessin	evacuat

IMPERATIU

—	evacuem
evacua	evacueu
evacuï	evacuïn

Formes no personals

Infinitiu

evacuar
Perfet: haver evacuat

Gerundi

evacuant
Perfet: havent evacuat

Participi

evacuat
evacuada
evacuats
evacuades

INDICATIU

Present		Perfet	
faig		he	fet
fas		has	fet
fa		ha	fet
fem		hem	fet
feu		heu	fet
fan		han	fet

Imperfet		Plusquamperfet	
feia		havia	fet
feies		havies	fet
feia		havia	fet
fèiem		havíem	fet
fèieu		havíeu	fet
feien		havien	fet

Passat simple		Passat anterior	
fiu		haguí	fet
feres		hagueres	fet
féu		hagué	fet
férem		haguérem	fet
féreu		haguéreu	fet
feren		hagueren	fet

Passat perifràstic		Passat anterior perifràstic	
vaig	fer	vaig haver	fet
vas (vares)	fer	vas (vares) haver	fet
va	fer	va haver	fet
vam (vàrem)	fer	vam (vàrem) haver	fet
vau (vàreu)	fer	vau (vàreu) haver	fet
van (varen)	fer	van (varen) haver	fet

Futur		Futur perfet	
faré		hauré	fet
faràs		hauràs	fet
farà		haurà	fet
farem		haurem	fet
fareu		haureu	fet
faran		hauran	fet

Condicional
faria
faries
faria
faríem
faríeu
farien

Condicional perfet
hauria (haguera)   fet
hauries (hagueres)   fet
hauria (haguera)   fet
hauríem (haguérem)   fet
hauríeu (haguéreu)   fet
haurien (hagueren)   fet

SUBJUNTIU

Present
faci
facis
faci
fem
feu
facin

Perfet
hagi fet
hagis fet
hagi fet
hàgim fet
hàgiu fet
hagin fet

Imperfet
fes
fessis
fes
féssim
féssiu
fessin

Plusquamperfet
hagués fet
haguessis fet
hagués fet
haguéssim fet
haguéssiu fet
haguessin fet

IMPERATIU

—   fem
fes   feu
faci   facin

Formes no personals

Infinitiu
fer
Perfet: haver fet

Gerundi
fent
Perfet: havent fet

Participi
fet
feta
fets
fetes

INDICATIU

Present		Perfet	
fonc		he	fos
fons		has	fos
fon		ha	fos
fonem		hem	fos
foneu		heu	fos
fonen		han	fos

Imperfet		Plusquamperfet	
fonia		havia	fos
fonies		havies	fos
fonia		havia	fos
foníem		havíem	fos
foníeu		havíeu	fos
fonien		havien	fos

Passat simple		Passat anterior	
fonguí		haguí	fos
fongueres		hagueres	fos
fongué		hagué	fos
fonguérem		haguérem	fos
fonguéreu		haguéreu	fos
fongueren		hagueren	fos

Passat perifràstic		Passat anterior perifràstic		
vaig	fondre	vaig haver		fos
vas (vares)	fondre	vas (vares) haver		fos
va	fondre	va haver		fos
vam (vàrem)	fondre	vam (vàrem) haver		fos
vau (vàreu)	fondre	vau (vàreu) haver		fos
van (varen)	fondre	van (varen) haver		fos

Futur		Futur perfet	
fondré		hauré	fos
fondràs		hauràs	fos
fondrà		haurà	fos
fondrem		haurem	fos
fondreu		haureu	fos
fondran		hauran	fos

Condicional
fondria
fondries
fondria
fondríem
fondríeu
fondrien

Condicional perfet
hauria (haguera)	fos
hauries (hagueres)	fos
hauria (haguera)	fos
hauríem (haguérem)	fos
hauríeu (haguéreu)	fos
haurien (hagueren)	fos

SUBJUNTIU

Present
fongui
fonguis
fongui
fonguem
fongueu
fonguin

Perfet
hagi	fos
hagis	fos
hagi	fos
hàgim	fos
hàgiu	fos
hagin	fos

Imperfet
fongués
fonguessis
fongués
fonguéssim
fonguéssiu
fonguessin

Plusquamperfet
hagués	fos
haguessis	fos
hagués	fos
haguéssim	fos
haguéssiu	fos
haguessin	fos

IMPERATIU

—	fonguem
fon	foneu
fongui	fonguin

Formes no personals

Infinitiu
fondre
Perfet: haver fos

Gerundi
fonent
Perfet: havent fos

Participi
fos
fosa
fosos
foses

Formes personals

■ INDICATIU

Present
fujo
fuges
fuig
fugim
fugiu
fugen

Perfet
he   fugit
has   fugit
ha   fugit
hem   fugit
heu   fugit
han   fugit

Imperfet
fugia
fugies
fugia
fugíem
fugíeu
fugien

Plusquamperfet
havia   fugit
havies   fugit
havia   fugit
havíem   fugit
havíeu   fugit
havien   fugit

Passat simple
fugí
fugires
fugí
fugírem
fugíreu
fugiren

Passat anterior
haguí   fugit
haguères   fugit
hagué   fugit
haguérem   fugit
haguéreu   fugit
hagueren   fugit

Passat perifràstic
vaig   fugir
vas (vares)   fugir
va   fugir
vam (vàrem)   fugir
vau (vàreu)   fugir
van (varen)   fugir

Passat anterior perifràstic
vaig haver   fugit
vas (vares) haver   fugit
va haver   fugit
vam (vàrem) haver   fugit
vau (vàreu) haver   fugit
van (varen) haver   fugit

Futur
fugiré
fugiràs
fugirà
fugirem
fugireu
fugiran

Futur perfet
hauré   fugit
hauràs   fugit
haurà   fugit
haurem   fugit
haureu   fugit
hauran   fugit

Condicional

fugiria
fugiries
fugiria
fugiríem
fugiríeu
fugirien

Condicional perfet

hauria (haguera)	fugit
hauries (hagueres)	fugit
hauria (haguera)	fugit
hauríem (haguérem)	fugit
hauríeu (haguéreu)	fugit
haurien (hagueren)	fugit

SUBJUNTIU

Present

fugi
fugis
fugi
fugim
fugiu
fugin

Perfet

hagi	fugit
hagis	fugit
hagi	fugit
hàgim	fugit
hàgiu	fugit
hagin	fugit

Imperfet

fugís
fugissis
fugís
fugíssim
fugíssiu
fugissin

Plusquamperfet

hagués	fugit
haguessis	fugit
hagués	fugit
haguéssim	fugit
haguéssiu	fugit
haguessin	fugit

IMPERATIU

—	fugim
fuig	fugiu
fugi	fugin

Formes no personals

Infinitiu

fugir
Perfet: haver fugit

Gerundi

fugint
Perfet: havent fugit

Participi

fugit
fugida
fugits
fugides

Formes personals

INDICATIU

Present		Perfet	
he (o haig)		he	hagut
has		has	hagut
ha		ha	hagut
hem (o havem)		hem	hagut
heu (o haveu)		heu	hagut
han		han	hagut

Imperfet		Plusquamperfet	
havia		havia	hagut
havies		havies	hagut
havia		havia	hagut
havíem		havíem	hagut
havíeu		havíeu	hagut
havien		havien	hagut

Passat simple		Passat anterior	
haguí		haguí	hagut
hagueres		hagueres	hagut
hagué		hagué	hagut
haguérem		haguérem	hagut
haguéreu		haguéreu	hagut
hagueren		hagueren	hagut

Passat perifràstic		Passat anterior perifràstic	
vaig	haver	vaig haver	hagut
vas (vares)	haver	vas (vares) haver	hagut
va	haver	va haver	hagut
vam (vàrem)	haver	vam (vàrem) haver	hagut
vau (vàreu)	haver	vau (vàreu) haver	hagut
van (varen)	haver	van (varen) haver	hagut

Futur		Futur perfet	
hauré		hauré	hagut
hauràs		hauràs	hagut
haurà		haurà	hagut
haurem		haurem	hagut
haureu		haureu	hagut
hauran		hauran	hagut

Condicional

hauria
hauries
hauria
hauríem
hauríeu
haurien

Condicional perfet

hauria (haguera)	hagut
hauries (hagueres)	hagut
hauria (haguera)	hagut
hauríem (haguérem)	hagut
hauríeu (haguéreu)	hagut
haurien (hagueren)	hagut

▨ SUBJUNTIU

Present

hagi
hagis
hagi
hàgim (o haguem)
hàgiu (o hagueu)
hagin

Perfet

hagi	hagut
hagis	hagut
hagi	hagut
hàgim	hagut
hàgiu	hagut
hagin	hagut

Imperfet

hagués
haguessis
hagués
haguéssim
haguéssiu
haguessin

Plusquamperfet

hagués	hagut
haguessis	hagut
hagués	hagut
haguéssim	hagut
haguéssiu	hagut
haguessin	hagut

▨ IMPERATIU

—

Infinitiu

haver
Perfet: haver hagut

Gerundi

havent
Perfet: havent hagut

Participi

hagut
haguda
haguts
hagudes

Formes personals

INDICATIU

Present		Perfet	
hec		he	hagut
heus		has	hagut
heu		ha	hagut
havem		hem	hagut
haveu		heu	hagut
heuen		han	hagut

Imperfet		Plusquamperfet	
havia		havia	hagut
havies		havies	hagut
havia		havia	hagut
havíem		havíem	hagut
havíeu		havíeu	hagut
havien		havien	hagut

Passat simple		Passat anterior	
haguí		haguí	hagut
hagueres		hagueres	hagut
hagué		hagué	hagut
haguérem		haguérem	hagut
haguereu		haguéreu	hagut
hagueren		hagueren	hagut

Passat perifràstic		Passat anterior perifràstic	
vaig	haver	vaig haver	hagut
vas (vares)	haver	vas (vares) haver	hagut
va	haver	va haver	hagut
vam (vàrem)	haver	vam (vàrem) haver	hagut
vau (vàreu)	haver	vau (vàreu) haver	hagut
van (varen)	haver	van (varen) haver	hagut

Futur		Futur perfet	
hauré		hauré	hagut
hauràs		hauràs	hagut
haurà		haurà	hagut
haurem		haurem	hagut
haureu		haureu	hagut
hauran		hauran	hagut

Condicional
hauria
hauries
hauria
hauríem
hauríeu
haurien

Condicional perfet
hauria (haguera)   hagut
hauries (hagueres)   hagut
hauria (haguera)   hagut
hauríem (haguérem)   hagut
hauríeu (haguéreu)   hagut
haurien (hagueren)   hagut

SUBJUNTIU

Present
hegui
heguis
hegui
haguem
hagueu
heguin

Perfet
hagi   hagut
hagis   hagut
hagi   hagut
hàgim   hagut
hàgiu   hagut
hagin   hagut

Imperfet
hagués
haguessis
hagués
haguéssim
haguéssiu
haguessin

Plusquamperfet
hagués   hagut
haguessis   hagut
hagués   hagut
haguéssim   hagut
haguéssiu   hagut
haguessin   hagut

IMPERATIU

—   haguem
heu   haveu
hegui   heguin

Formes no personals

Infinitiu
heure
Perfet: heure hagut

Gerundi
havent
Perfet: havent hagut

Participi
hagut
haguda
haguts
hagudes

Formes personals

INDICATIU

Present		*Perfet*	
imprimeixo		he	imprès
imprimeixes		has	imprès
imprimeix		ha	imprès
imprimim		hem	imprès
imprimiu		heu	imprès
imprimeixen		han	imprès

Imperfet		*Plusquamperfet*	
imprimia		havia	imprès
imprimies		havies	imprès
imprimia		havia	imprès
imprimíem		havíem	imprès
imprimíeu		havíeu	imprès
imprimien		havien	imprès

Passat simple		*Passat anterior*	
imprimí		haguí	imprès
imprimires		hagueres	imprès
imprimí		hagué	imprès
imprimírem		haguérem	imprès
imprimíreu		haguéreu	imprès
imprimiren		hagueren	imprès

Passat perifràstic		*Passat anterior perifràstic*	
vaig	imprimir	vaig haver	imprès
vas (vares)	imprimir	vas (vares) haver	imprès
va	imprimir	va haver	imprès
vam (vàrem)	imprimir	vam (vàrem) haver	imprès
vau (vàreu)	imprimir	vau (vàreu) haver	imprès
van (varen)	imprimir	van (varen) haver	imprès

Futur		*Futur perfet*	
imprimiré		hauré	imprès
imprimiràs		hauràs	imprès
imprimirà		haurà	imprès
imprimirem		haurem	imprès
imprimireu		haureu	imprès
imprimiran		hauran	imprès

Condicional
imprimiria
imprimiries
imprimiria
imprimiríem
imprimiríeu
imprimirien

Condicional perfet

hauria (haguera)	imprès
hauries (hagueres)	imprès
hauria (haguera)	imprès
hauríem (haguérem)	imprès
hauríeu (haguéreu)	imprès
haurien (hagueren)	imprès

SUBJUNTIU

Present
imprimeixi
imprimeixis
imprimeixi
imprimim
imprimiu
imprimeixin

Perfet

hagi	imprès
hagis	imprès
hagi	imprès
hàgim	imprès
hàgiu	imprès
hagin	imprès

Imperfet
imprimís
imprimissis
imprimís
imprimíssim
imprimíssiu
imprimissin

Plusquamperfet

hagués	imprès
haguessis	imprès
hagués	imprès
haguéssim	imprès
haguéssiu	imprès
haguessin	imprès

IMPERATIU

—	imprimim
imprimeix	imprimiu
imprimeixi	imprimeixin

Formes no personals

Infinitiu
imprimir
Perfet: haver imprès

Gerundi
imprimint
Perfet: havent imprès

Participi
imprès
impresa
impresos
impreses

Formes personals

INDICATIU

Present		*Perfet*	
intervinc		he	intervingut
intervens		has	intervingut
intervé		ha	intervingut
intervenim		hem	intervingut
interveniu		heu	intervingut
intervenen		han	intervingut

Imperfet		*Plusquamperfet*	
intervenia		havia	intervingut
intervenies		havies	intervingut
intervenia		havia	intervingut
interveníem		havíem	intervingut
interveníeu		havíeu	intervingut
intervenien		havien	intervingut

Passat simple		*Passat anterior*	
intervinguí		haguí	intervingut
intervingueres		hagueres	intervingut
intervingué		hagué	intervingut
intervinguérem		haguérem	intervingut
intervinguéreu		haguéreu	intervingut
intervingueren		hagueren	intervingut

Passat perifràstic		*Passat anterior perifràstic*	
vaig	intervenir	vaig haver	intervingut
vas (vares)	intervenir	vas (vares) haver	intervingut
va	intervenir	va haver	intervingut
vam (vàrem)	intervenir	vam (vàrem) haver	intervingut
vau (vàreu)	intervenir	vau (vàreu) haver	intervingut
van (varen)	intervenir	van (varen) haver	intervingut

Futur		*Futur perfet*	
intervindré		hauré	intervingut
intervindràs		hauràs	intervingut
intervindrà		haurà	intervingut
intervindrem		haurem	intervingut
intervindreu		haureu	intervingut
intervindran		hauran	intervingut

Condicional
intervindria
intervindries
intervindria
intervindríem
intervindríeu
intervindrien

Condicional perfet

hauria (haguera)	intervingut
hauries (hagueres)	intervingut
hauria (haguera)	intervingut
hauríem (haguérem)	intervingut
hauríeu (haguéreu)	intervingut
haurien (hagueren)	intervingut

SUBJUNTIU

Present
intervingui
intervinguis
intervingui
intervinguem
intervingueu
intervinguin

Perfet

hagi	intervingut
hagis	intervingut
hagi	intervingut
hàgim	intervingut
hàgiu	intervingut
hagin	intervingut

Imperfet
intervingués
intervinguessis
intervingués
intervinguéssim
intervinguéssiu
intervinguessin

Plusquamperfet

hagués	intervingut
haguessis	intervingut
hagués	intervingut
haguéssim	intervingut
haguéssiu	intervingut
haguessin	intervingut

IMPERATIU

—
intervé (o intervén)
intervingui

intervinguem
interveniu
intervinguin

Formes no personals

Infinitiu
intervenir
Perfet: haver intervingut

Gerundi
intervenint
Perfet: havent intervingut

Participi
intervingut
intervinguda
intervinguts
intervingudes

Formes personals

INDICATIU

Present		Perfet	
jac		he	jagut
jaus		has	jagut
jau		ha	jagut
jaiem		hem	jagut
jaieu		heu	jagut
jauen		han	jagut

Imperfet		Plusquamperfet	
jeia		havia	jagut
jeies		havies	jagut
jeia		havia	jagut
jèiem		havíem	jagut
jèieu		havíeu	jagut
jeien		havien	jagut

Passat simple		Passat anterior	
jaguí		haguí	jagut
jagueres		hagueres	jagut
jagué		hagué	jagut
jaguérem		haguérem	jagut
jaguéreu		haguéreu	jagut
jagueren		hagueren	jagut

Passat perifràstic

vaig	jaure	
vas (vares)	jaure	
va	jaure	
vam (vàrem)	jaure	
vau (vàreu)	jaure	
van (varen)	jaure	

Passat anterior perifràstic

vaig haver		jagut
vas (vares) haver		jagut
va haver		jagut
vam (vàrem) haver		jagut
vau (vàreu) haver		jagut
van (varen) haver		jagut

Futur		Futur perfet	
jauré		hauré	jagut
jauràs		hauràs	jagut
jaurà		haurà	jagut
jaurem		haurem	jagut
jaureu		haureu	jagut
jauran		hauran	jagut

Condicional
  jauria
  jauries
  jauria
  jauríem
  jauríeu
  jaurien

Condicional perfet
  hauria (haguera)   jagut
  hauries (hagueres)   jagut
  hauria (haguera)   jagut
  hauríem (haguérem)   jagut
  hauríeu (haguéreu)   jagut
  haurien (hagueren)   jagut

▨ SUBJUNTIU

Present
  jagui
  jaguis
  jagui
  jaguem
  jagueu
  jaguin

Perfet
  hagi   jagut
  hagis   jagut
  hagi   jagut
  hàgim   jagut
  hàgiu   jagut
  hagin   jagut

Imperfet
  jagués
  jaguessis
  jagués
  jaguéssim
  jaguéssiu
  jaguessin

Plusquamperfet
  hagués   jagut
  haguessis   jagut
  hagués   jagut
  haguéssim   jagut
  haguéssiu   jagut
  haguessin   jagut

▨ IMPERATIU

  —   jaguem
  jau   jaieu
  jagui   jaguin

Formes no personals

Infinitiu
  jaure
  Perfet: haver jagut

Gerundi
  jaient
  Perfet: havent jagut

Participi
  jagut
  jaguda
  jaguts
  jagudes

Formes personals

INDICATIU

Present		*Perfet*	
jec		he	jagut
jeus		has	jagut
jeu		ha	jagut
jaiem		hem	jagut
jaieu		heu	jagut
jeuen		han	jagut

Imperfet		*Plusquamperfet*	
jeia		havia	jagut
jeies		havies	jagut
jeia		havia	jagut
jèiem		havíem	jagut
jèieu		havíeu	jagut
jeien		havien	jagut

Passat simple		*Passat anterior*	
jaguí		haguí	jagut
jagueres		hagueres	jagut
jagué		hagué	jagut
jaguérem		haguérem	jagut
jaguéreu		haguéreu	jagut
jagueren		hagueren	jagut

Passat perifràstic		*Passat anterior perifràstic*	
vaig	jeure	vaig haver	jagut
vas (vares)	jeure	vas (vares) haver	jagut
va	jeure	va haver	jagut
vam (vàrem)	jeure	vam (vàrem) haver	jagut
vau (vàreu)	jeure	vau (vàreu) haver	jagut
van (varen)	jeure	van (varen) haver	jagut

Futur		*Futur perfet*	
jauré		hauré	jagut
jauràs		hauràs	jagut
jaurà		haurà	jagut
jaurem		haurem	jagut
jaureu		haureu	jagut
jauran		hauran	jagut

Condicional

jauria
jauries
jauria
jauríem
jauríeu
jaurien

Condicional perfet

hauria (haguera) jagut
hauries (haguares) jagut
hauria (haguera) jagut
hauríem (haguérem) jagut
hauríeu (haguéreu) jagut
haurien (hagueren) jagut

SUBJUNTIU

Present

jegui
jeguis
jegui
jaguem
jagueu
jeguin

Perfet

hagi jagut
hagis jagut
hagi jagut
hàgim jagut
hàgiu jagut
hagin jagut

Imperfet

jagués
jaguessis
jagués
jaguéssim
jaguéssiu
jaguessin

Plusquamperfet

hagués jagut
haguessis jagut
hagués jagut
haguéssim jagut
haguéssiu jagut
haguessin jagut

IMPERATIU

—   jaguem
jeu   jaieu
jegui   jeguin

Formes no personals

Infinitiu

jeure
Perfet: haver jagut

Gerundi

jaient
Perfet: havent jagut

Participi

jagut
jaguda
jaguts
jagudes

INDICATIU

Present
lloo
lloes
lloa
lloem
lloeu
lloen

Perfet
he lloat
has lloat
ha lloat
hem lloat
heu lloat
han lloat

Imperfet
lloava
lloaves
lloava
lloàvem
lloàveu
lloaven

Plusquamperfet
havia lloat
havies lloat
havia lloat
havíem lloat
havíeu lloat
havien lloat

Passat simple
lloí
lloares
lloà
lloàrem
lloàreu
lloaren

Passat anterior
haguí lloat
hagueres lloat
hagué lloat
haguérem lloat
haguéreu lloat
hagueren lloat

Passat perifràstic
vaig lloar
vas (vares) lloar
va lloar
vam (vàrem) lloar
vau (vàreu) lloar
van (varen) lloar

Passat anterior perifràstic
vaig haver lloat
vas (vares) haver lloat
va haver lloat
vam (vàrem) haver lloat
vau (vàreu) haver lloat
van (varen) haver lloat

Futur
lloaré
lloaràs
lloarà
lloarem
lloareu
lloaran

Futur perfet
hauré lloat
hauràs lloat
haurà lloat
haurem lloat
haureu lloat
hauran lloat

Condicional
lloaria
lloaries
lloaria
lloaríem
lloaríeu
lloarien

Condicional perfet
hauria (haguera)	lloat
hauries (hagueres)	lloat
hauria (haguera)	lloat
hauríem (haguérem)	lloat
hauríeu (haguéreu)	lloat
haurien (hagueren)	lloat

SUBJUNTIU

Present
lloï
lloïs
lloï
lloem
lloeu
lloïn

Perfet
hagi	lloat
hagis	lloat
hagi	lloat
hàgim	lloat
hàgiu	lloat
hagin	lloat

Imperfet
lloés
lloessis
lloés
lloéssim
lloéssiu
lloessin

Plusquamperfet
hagués	lloat
haguessis	lloat
hagués	lloat
haguéssim	lloat
haguéssiu	lloat
haguessin	lloat

IMPERATIU

—	lloem
lloa	lloeu
lloï	lloïn

Formes no personals

Infinitiu
lloar
Perfet: haver lloat

Gerundi
lloant
Perfet: havent lloat

Participi
lloat
lloada
lloats
lloades

Formes personals

INDICATIU

Present
lluo
lluus
lluu (llu)
lluïm
lluïu
lluen

Perfet
he lluït
has lluït
ha lluït
hem lluït
heu lluït
han lluït

Imperfet
lluïa
lluïes
lluïa
lluíem
lluíeu
lluïen

Plusquamperfet
havia lluït
havies lluït
havia lluït
havíem lluït
havíeu lluït
havien lluït

Passat simple
lluí
lluïres
lluí
lluírem
lluíreu
lluïren

Passat anterior
haguí lluït
hagueres lluït
hagué lluït
haguérem lluït
haguéreu lluït
hagueren lluït

Passat perifràstic
vaig lluir
vas (vares) lluir
va lluir
vam (vàrem) lluir
vau (vàreu) lluir
van (varen) lluir

Passat anterior perifràstic
vaig haver lluït
vas (vares) haver lluït
va haver lluït
vam (vàrem) haver lluït
vau (vàreu) haver lluït
van (varen) haver lluït

Futur
lluiré
lluiràs
lluirà
lluirem
lluireu
lluiran

Futur perfet
hauré lluït
hauràs lluït
haurà lluït
haurem lluït
haureu lluït
hauran lluït

Condicional

lluiria
lluiries
lluiria
lluiríem
lluiríeu
lluirien

Condicional perfet

hauria (haguera)	lluït
hauries (hagueres)	lluït
hauria (haguera)	lluït
hauríem (haguérem)	lluït
hauríeu (haguéreu)	lluït
haurien (hagueren)	lluït

SUBJUNTIU

Present

lluï
lluïs
lluï
lluïm
lluïu
lluïn

Perfet

hagi	lluït
hagis	lluït
hagi	lluït
hàgim	lluït
hàgiu	lluït
hagin	lluït

Imperfet

lluís
lluïssis
lluís
lluíssim
lluíssiu
lluïssin

Plusquamperfet

hagués	lluït
haguessis	lluït
hagués	lluït
haguéssim	lluït
haguéssiu	lluït
haguessin	lluït

IMPERATIU

—	lluïm
lluu (o llu)	lluïu
lluï	lluïn

Formes no personals

Infinitiu

lluir
Perfet: haver lluït

Gerundi

lluint
Perfet: havent lluït

Participi

lluït
lluïda
lluïts
lluïdes

Formes personals

■ INDICATIU

Present		*Perfet*	
malvenc		he	malvenut
malvens		has	malvenut
malvèn		ha	malvenut
malvenem		hem	malvenut
malveneu		heu	malvenut
malvenen		han	malvenut

Imperfet		*Plusquamperfet*	
malvenia		havia	malvenut
malvenies		havies	malvenut
malvenia		havia	malvenut
malveníem		havíem	malvenut
malveníeu		havíeu	malvenut
malvenien		havien	malvenut

Passat simple		*Passat anterior*	
malvenguí		haguí	malvenut
malvengueres		hagueres	malvenut
malvengué		hagué	malvenut
malvenguérem		haguérem	malvenut
malvenguéreu		haguéreu	malvenut
malvengueren		hagueren	malvenut

Passat perifràstic		*Passat anterior perifràstic*	
vaig	malvendre	vaig haver	malvenut
vas (vares)	malvendre	vas (vares) haver	malvenut
va	malvendre	va haver	malvenut
vam (vàrem)	malvendre	vam (vàrem) haver	malvenut
vau (vàreu)	malvendre	vau (vàreu) haver	malvenut
van (varen)	malvendre	van (varen) haver	malvenut

Futur		*Futur perfet*	
malvendré		hauré	malvenut
malvendràs		hauràs	malvenut
malvendrà		haurà	malvenut
malvendrem		haurem	malvenut
malvendreu		haureu	malvenut
malvendran		hauran	malvenut

Condicional
malvendria
malvendries
malvendria
malvendríem
malvendríeu
malvendrien

Condicional perfet
hauria (haguera) malvenut
hauries (hagueres) malvenut
hauria (haguera) malvenut
hauríem (haguérem) malvenut
hauríeu (haguéreu) malvenut
haurien (hagueren) malvenut

SUBJUNTIU

Present
malvengui
malvenguis
malvengui
malvenguem
malvengueu
malvenguin

Perfet
hagi malvenut
hagis malvenut
hagi malvenut
hàgim malvenut
hàgiu malvenut
hagin malvenut

Imperfet
malvengués
malvenguessis
malvengués
malvenguéssim
malvenguéssiu
malvenguessin

Plusquamperfet
hagués malvenut
haguessis malvenut
hagués malvenut
haguéssim malvenut
haguéssiu malvenut
haguessin malvenut

IMPERATIU

—   malvenguem
malvèn   malveneu
malvengui   malvenguin

Formes no personals

Infinitiu
malvendre
Perfet: haver malvenut

Gerundi
malvenent
Perfet: havent malvenut

Participi
malvenut
malvenuda
malvenuts
malvenudes

Formes personals

INDICATIU

Present

mato
mates
mata
matem
mateu
maten

Perfet

he   mort (o matat)
has   mort (o matat)
ha   mort (o matat)
hem   mort (o matat)
heu   mort (o matat)
han   mort (o matat)

Imperfet

matava
mataves
matava
matàvem
matàveu
mataven

Plusquamperfet

havia   mort (o matat)
havies   mort (o matat)
havia   mort (o matat)
havíem   mort (o matat)
havíeu   mort (o matat)
havien   mort (o matat)

Passat simple

matí
matares
matà
matàrem
matàreu
mataren

Passat anterior

haguí   mort (o matat)
hagueres   mort (o matat)
hagué   mort (o matat)
haguérem   mort (o matat)
haguéreu   mort (o matat)
hagueren   mort (o matat)

Passat perifràstic

vaig   matar
vas (vares)   matar
va   matar
vam (vàrem)   matar
vau (vàreu)   matar
van (varen)   matar

Passat anterior perifràstic

vaig haver   mort (o matat)
vas (vares) haver   mort (o matat)
va haver   mort (o matat)
vam (vàrem) haver   mort (o matat)
vau (vàreu) haver   mort (o matat)
van (varen) haver   mort (o matat)

Futur

mataré
mataràs
matarà
matarem
matareu
mataran

Futur perfet

hauré   mort (o matat)
hauràs   mort (o matat)
haurà   mort (o matat)
haurem   mort (o matat)
haureu   mort (o matat)
hauran   mort (o matat)

Condicional

mataria
mataries
mataria
mataríem
mataríeu
matarien

Condicional perfet

hauria (haguera)	mort (o matat)
hauries (hagueres)	mort (o matat)
hauria (haguera)	mort (o matat)
hauríem (haguérem)	mort (o matat)
hauríeu (haguéreu)	mort (o matat)
haurien (hagueren)	mort (o matat)

SUBJUNTIU

Present

mati
matis
mati
matem
mateu
matin

Perfet

hagi	mort (o matat)
hagis	mort (o matat)
hagi	mort (o matat)
hàgim	mort (o matat)
hàgiu	mort (o matat)
hagin	mort (o matat)

Imperfet

matés
matessis
matés
matéssim
matéssiu
matessin

Plusquamperfet

hagués	mort (o matat)
haguessis	mort (o matat)
hagués	mort (o matat)
haguéssim	mort (o matat)
haguéssiu	mort (o matat)
haguessin	mort (o matat)

IMPERATIU

—	matem
mata	mateu
mati	matin

Formes no personals

Infinitiu

matar
Perfet: haver matat (o mort)

Gerundi

matant
Perfet: havent matat (o mort)

Participi

matat (o mort)
matada (o morta)
matats (o morts)
matades (o mortes)

■ INDICATIU

Present

mento (*o* menteixo)
ments (*o* menteixes)
ment (*o* menteix)
mentim
mentiu
menten (*o* menteixen)

Perfet

he   mentit
has   mentit
ha   mentit
hem   mentit
heu   mentit
han   mentit

Imperfet

mentia
menties
mentia
mentíem
mentíeu
mentien

Plusquamperfet

havia   mentit
havies   mentit
havia   mentit
havíem   mentit
havíeu   mentit
havien   mentit

Passat simple

mentí
mentires
mentí
mentírem
mentíreu
mentiren

Passat anterior

haguí   mentit
hagueres   mentit
hagué   mentit
haguérem   mentit
haguéreu   mentit
hagueren   mentit

Passat perifràstic

vaig   mentir
vas (vares)   mentir
va   mentir
vam (vàrem) mentir
vau (vàreu) mentir
van (varen) mentir

Passat anterior perifràstic

vaig haver   mentit
vas (vares) haver   mentit
va haver   mentit
vam (vàrem) haver mentit
vau (vàreu) haver mentit
van (varen) haver mentit

Futur

mentiré
mentiràs
mentirà
mentirem
mentireu
mentiran

Futur perfet

hauré   mentit
hauràs   mentit
haurà   mentit
haurem   mentit
haureu   mentit
hauran   mentit

Condicional

mentiria
mentiries
mentiria
mentiríem
mentiríeu
mentirien

Condicional perfet

hauria (haguera) mentit
hauries (hagueres) mentit
hauria (haguera) mentit
hauríem (haguérem) mentit
hauríeu (haguéreu) mentit
haurien (hagueren) mentit

SUBJUNTIU

Present

menti (o menteixi)
mentis (o menteixis)
menti (o menteixi)
mentim
mentiu
mentin (o menteixin)

Perfet

hagi mentit
hagis mentit
hagi mentit
hàgim mentit
hàgiu mentit
hagin mentit

Imperfet

mentís
mentissis
mentís
mentíssim
mentíssiu
mentissin

Plusquamperfet

hagués mentit
haguessis mentit
hagués mentit
haguéssim mentit
haguéssiu mentit
haguessin mentit

IMPERATIU

—
ment (o menteix)
menti (o menteixi)

mentim
mentiu
mentin (o menteixin)

Formes no personals

Infinitiu

mentir
Perfet: haver mentit

Gerundi

mentint
Perfet: havent mentit

Participi

mentit
mentida
mentits
mentides

Formes personals

■ INDICATIU

Present	Perfet	
menyspreo	he	menyspreat
menysprees	has	menyspreat
menysprea	ha	menyspreat
menyspreem	hem	menyspreat
menyspreeu	heu	menyspreat
menyspreen	han	menyspreat

Imperfet	Plusquamperfet	
menyspreava	havia	menyspreat
menyspreaves	havies	menyspreat
menyspreava	havia	menyspreat
menyspreàvem	havíem	menyspreat
menyspreàveu	havíeu	menyspreat
menyspreaven	havien	menyspreat

Passat simple	Passat anterior	
menyspreí	haguí	menyspreat
menyspreares	hagueres	menyspreat
menyspreà	hagué	menyspreat
menyspreàrem	haguérem	menyspreat
menyspreàreu	haguéreu	menyspreat
menysprearen	hagueren	menyspreat

Passat perifràstic		Passat anterior perifràstic	
vaig	menysprear	vaig haver	menyspreat
vas (vares)	menysprear	vas (vares) haver	menyspreat
va	menysprear	va haver	menyspreat
vam (vàrem)	menysprear	vam (vàrem) haver	menyspreat
vau (vàreu)	menysprear	vau (vàreu) haver	menyspreat
van (varen)	menysprear	van (varen) haver	menyspreat

Futur	Futur perfet	
menysprearé	hauré	menyspreat
menysprearàs	hauràs	menyspreat
menysprearà	haurà	menyspreat
menysprearem	haurem	menyspreat
menyspreareu	haureu	menyspreat
menysprearan	hauran	menyspreat

Condicional

menysprearia
menysprearies
menysprearia
menysprearíem
menysprearíeu
menysprearien

Condicional perfet

hauria (haguera)	menyspreat
hauries (hagueres)	menyspreat
hauria (haguera)	menyspreat
hauríem (haguérem)	menyspreat
hauríeu (haguéreu)	menyspreat
haurien (hagueren)	menyspreat

SUBJUNTIU

Present

menyspreï
menyspreïs
menyspreï
menyspreem
menyspreeu
menyspreïn

Perfet

hagi	menyspreat
hagis	menyspreat
hagi	menyspreat
hàgim	menyspreat
hàgiu	menyspreat
hagin	menyspreat

Imperfet

menyspreés
menyspreessis
menyspreés
menyspreéssim
menyspreéssiu
menyspreessin

Plusquamperfet

hagués	menyspreat
haguessis	menyspreat
hagués	menyspreat
haguéssim	menyspreat
haguéssiu	menyspreat
haguessin	menyspreat

IMPERATIU

—	menyspreem
menysprea	menyspreeu
menyspreï	menyspreïn

Formes no personals

Infinitiu

menysprear
Perfet: haver menyspreat

Gerundi

menyspreant
Perfet: havent menyspreat

Participi

menyspreat
menyspreada
menyspreats
menyspreades

■ INDICATIU

Present		*Perfet*	
molc		he	mòlt
mols		has	mòlt
mol		ha	mòlt
molem		hem	mòlt
moleu		heu	mòlt
molen		han	mòlt

Imperfet		*Plusquamperfet*	
molia		havia	mòlt
molies		havies	mòlt
molia		havia	mòlt
molíem		havíem	mòlt
molíeu		havíeu	mòlt
molien		havien	mòlt

Passat simple		*Passat anterior*	
molguí		haguí	mòlt
molgueres		hagueres	mòlt
molgué		hagué	mòlt
molguérem		haguérem	mòlt
molguéreu		haguéreu	mòlt
molgueren		hagueren	mòlt

Passat perifràstic		*Passat anterior perifràstic*	
vaig	moldre	vaig haver	mòlt
vas (vares)	moldre	vas (vares) haver	mòlt
va	moldre	va haver	mòlt
vam (vàrem)	moldre	vam (vàrem) haver	mòlt
vau (vàreu)	moldre	vau (vàreu) haver	mòlt
van (varen)	moldre	van (varen) haver	mòlt

Futur		*Futur perfet*	
moldré		hauré	mòlt
moldràs		hauràs	mòlt
moldrà		haurà	mòlt
moldrem		haurem	mòlt
moldreu		haureu	mòlt
moldran		hauran	mòlt

Condicional

moldria
moldries
moldria
moldríem
moldríeu
moldrien

Condicional perfet

hauria (haguera)	mòlt
hauries (hagueres)	mòlt
hauria (haguera)	mòlt
hauríem (haguérem)	mòlt
hauríeu (haguéreu)	mòlt
haurien (hagueren)	mòlt

SUBJUNTIU

Present

molgui
molguis
molgui
molguem
molgueu
molguin

Perfet

hagi	mòlt
hagis	mòlt
hagi	mòlt
hàgim	mòlt
hàgiu	mòlt
hagin	mòlt

Imperfet

molgués
molguessis
molgués
molguéssim
molguéssiu
molguessin

Plusquamperfet

hagués	mòlt
haguessis	mòlt
hagués	mòlt
haguéssim	mòlt
haguéssiu	mòlt
haguessin	mòlt

IMPERATIU

—	molguem
mol	moleu
molgui	molguin

Formes no personals

Infinitiu

moldre
Perfet: haver mòlt

Gerundi

molent
Perfet: havent mòlt

Participi

mòlt
mòlta
mòlts
mòltes

Formes personals

INDICATIU

Present		Perfet	
moro		he	mort
mors		has	mort
mor		ha	mort
morim		hem	mort
moriu		heu	mort
moren		han	mort

Imperfet		Plusquamperfet	
moria		havia	mort
mories		havies	mort
moria		havia	mort
moríem		havíem	mort
moríeu		havíeu	mort
morien		havien	mort

Passat simple		Passat anterior	
morí		haguí	mort
morires		hagueres	mort
morí		hagué	mort
morírem		haguérem	mort
moríreu		haguéreu	mort
moriren		hagueren	mort

Passat perifràstic		Passat anterior perifràstic	
vaig	morir	vaig haver	mort
vas (vares)	morir	vas (vares) haver	mort
va	morir	va haver	mort
vam (vàrem)	morir	vam (vàrem) haver	mort
vau (vàreu)	morir	vau (vàreu) haver	mort
van (varen)	morir	van (varen) haver	mort

Futur		Futur perfet	
moriré		hauré	mort
moriràs		hauràs	mort
morirà		haurà	mort
morirem		haurem	mort
morireu		haureu	mort
moriran		hauran	mort

Condicional

moriria
moriries
moriria
moriríem
moriríeu
moririen

Condicional perfet

hauria (haguera) mort
hauries (hagueres) mort
hauria (haguera) mort
hauríem (haguérem) mort
hauríeu (haguéreu) mort
haurien (hagueren) mort

SUBJUNTIU

Present

mori
moris
mori
morim
moriu
morin

Perfet

hagi mort
hagis mort
hagi mort
hàgim mort
hàgiu mort
hagin mort

Imperfet

morís
morissis
morís
moríssim
moríssiu
morissin

Plusquamperfet

hagués mort
haguessis mort
hagués mort
haguéssim mort
haguéssiu mort
haguessin mort

IMPERATIU

—   morim
mor   moriu
mori   morin

Formes no personals

Infinitiu

morir
Perfet: haver mort

Gerundi

morint
Perfet: havent mort

Participi

mort
morta
morts
mortes

INDICATIU

Present
moc
mous
mou
movem
moveu
mouen

Perfet
he mogut
has mogut
ha mogut
hem mogut
heu mogut
han mogut

Imperfet
movia
movies
movia
movíem
movíeu
movien

Plusquamperfet
havia mogut
havies mogut
havia mogut
havíem mogut
havíeu mogut
havien mogut

Passat simple
moguí
mogueres
mogué
moguérem
moguéreu
mogueren

Passat anterior
haguí mogut
hagueres mogut
hagué mogut
haguérem mogut
haguéreu mogut
hagueren mogut

Passat perifràstic
vaig moure
vas (vares) moure
va moure
vam (vàrem) moure
vau (vàreu) moure
van (varen) moure

Passat anterior perifràstic
vaig haver mogut
vas (vares) haver mogut
va haver mogut
vam (vàrem) haver mogut
vau (vàreu) haver mogut
van (varen) haver mogut

Futur
mouré
mouràs
mourà
mourem
moureu
mouran

Futur perfet
hauré mogut
hauràs mogut
haurà mogut
haurem mogut
haureu mogut
hauran mogut

Condicional
mouria
mouries
mouria
mouríem
mouríeu
mourien

Condicional perfet
hauria (haguera) mogut
hauries (hagueres) mogut
hauria (haguera) mogut
hauríem (haguérem) mogut
hauríeu (haguéreu) mogut
haurien (hagueren) mogut

SUBJUNTIU

Present
mogui
moguis
mogui
moguem
mogueu
moguin

Perfet
hagi mogut
hagis mogut
hagi mogut
hàgim mogut
hàgiu mogut
hagin mogut

Imperfet
mogués
moguessis
mogués
moguéssim
moguéssiu
moguessin

Plusquamperfet
hagués mogut
haguessis mogut
hagués mogut
haguéssim mogut
haguéssiu mogut
haguessin mogut

IMPERATIU

—
mou
mogui

moguem
moveu
moguin

Formes no personals

Infinitiu
moure
Perfet: haver mogut

Gerundi
movent
Perfet: havent mogut

Participi
mogut
moguda
moguts
mogudes

Formes personals

INDICATIU

Present
munyo
munys
muny
munyim
munyiu
munyen

Perfet
he   munyit
has   munyit
ha   munyit
hem munyit
heu   munyit
han   munyit

Imperfet
munyia
munyies
munyia
munyíem
munyíeu
munyien

Plusquamperfet
havia   munyit
havies   munyit
havia   munyit
havíem munyit
havíeu   munyit
havien   munyit

Passat simple
munyí
munyires
munyí
munyírem
munyíreu
munyiren

Passat anterior
haguí   munyit
hagueres munyit
hagué   munyit
haguérem munyit
haguéreu munyit
hagueren munyit

Passat perifràstic
vaig   munyir
vas (vares) munyir
va   munyir
vam (vàrem) munyir
vau (vàreu) munyir
van (varen) munyir

Passat anterior perifràstic
vaig haver   munyit
vas (vares) haver munyit
va haver   munyit
vam (vàrem) haver munyit
vau (vàreu) haver munyit
van (varen) haver munyit

Futur
munyiré
munyiràs
munyirà
munyirem
munyireu
munyiran

Futur perfet
hauré   munyit
hauràs   munyit
haurà   munyit
haurem munyit
haureu   munyit
hauran   munyit

Condicional

munyiria
munyiries
munyiria
munyiríem
munyiríeu
munyirien

Condicional perfet

hauria (haguera)	munyit
hauries (hagueres)	munyit
hauria (haguera)	munyit
hauríem (haguérem)	munyit
hauríeu (haguéreu)	munyit
haurien (hagueren)	munyit

SUBJUNTIU

Present

munyi
munyis
munyi
munyim
munyiu
munyin

Perfet

hagi	munyit
hagis	munyit
hagi	munyit
hàgim	munyit
hàgiu	munyit
hagin	munyit

Imperfet

munyís
munyissis
munyís
munyíssim
munyíssiu
munyissin

Plusquamperfet

hagués	munyit
haguessis	munyit
hagués	munyit
haguéssim	munyit
haguéssiu	munyit
haguessin	munyit

IMPERATIU

—	munyim
muny	munyiu
munyi	munyin

Formes no personals

Infinitiu

munyir
Perfet: haver munyit

Gerundi

munyint
Perfet: havent munyit

Participi

munyit
munyida
munyits
munyides

Formes personals

INDICATIU

Present		Perfet	
naixo		he	nascut
naixes		has	nascut
naix		ha	nascut
naixem		hem	nascut
naixeu		heu	nascut
naixen		han	nascut

Imperfet		Plusquamperfet	
naixia		havia	nascut
naixies		havies	nascut
naixia		havia	nascut
naixíem		havíem	nascut
naixíeu		havíeu	nascut
naixien		havien	nascut

Passat simple		Passat anterior	
nasquí		haguí	nascut
nasqueres		hagueres	nascut
nasqué		hagué	nascut
nasquérem		haguérem	nascut
nasquéreu		haguéreu	nascut
nasqueren		hagueren	nascut

Passat perifràstic		Passat anterior perifràstic	
vaig	nàixer	vaig haver	nascut
vas (vares)	nàixer	vas (vares) haver	nascut
va	nàixer	va haver	nascut
vam (vàrem)	nàixer	vam (vàrem) haver	nascut
vau (vàreu)	nàixer	vau (vàreu) haver	nascut
van (varen)	nàixer	van (varen) haver	nascut

Futur		Futur perfet	
naixeré		hauré	nascut
naixeràs		hauràs	nascut
naixerà		haurà	nascut
naixerem		haurem	nascut
naixereu		haureu	nascut
naixeran		hauran	nascut

Condicional
naixeria
naixeries
naixeria
naixeríem
naixeríeu
naixerien

Condicional perfet
hauria (haguera)	nascut
hauries (hagueres)	nascut
hauria (haguera)	nascut
hauríem (haguérem)	nascut
hauríeu (haguéreu)	nascut
haurien (hagueren)	nascut

SUBJUNTIU

Present
nasca
nasques
nasca
nasquem
nasqueu
nasquen

Perfet
hagi	nascut
hagis	nascut
hagi	nascut
hàgim	nascut
hàgiu	nascut
hagin	nascut

Imperfet
nasqués
nasquessis
nasqués
nasquéssim
nasquéssiu
nasquessin

Plusquamperfet
hagués	nascut
haguessis	nascut
hagués	nascut
haguéssim	nascut
haguéssiu	nascut
haguessin	nascut

IMPERATIU

—	nasquem
naix	naixeu
nasca	nasquen

Formes no personals

Infinitiu
nàixer
Perfet: haver nascut

Gerundi
naixent
Perfet: havent nascut

Participi
nascut
nascuda
nascuts
nascudes

Formes personals

INDICATIU

Present

neixo	
neixes	
neix	
naixem	
naixeu	
neixen	

Perfet

he	nascut
has	nascut
ha	nascut
hem	nascut
heu	nascut
han	nascut

Imperfet

naixia
naixies
naixia
naixíem
naixíeu
naixien

Plusquamperfet

havia	nascut
havies	nascut
havia	nascut
havíem	nascut
havíeu	nascut
havien	nascut

Passat simple

naixí (nasquí)
naixeres (nasqueres)
naixé (nasqué)
naixérem (nasquérem)
naixéreu (nasquéreu)
naixeren (nasqueren)

Passat anterior

haguí	nascut
hagueres	nascut
hagué	nascut
haguérem	nascut
haguéreu	nascut
hagueren	nascut

Passat perifràstic

vaig	néixer
vas (vares)	néixer
va	néixer
vam (vàrem)	néixer
vau (vàreu)	néixer
van (varen)	néixer

Passat anterior perifràstic

vaig haver		nascut
vas (vares) haver		nascut
va haver		nascut
vam (vàrem) haver		nascut
vau (vàreu) haver		nascut
van (varen) haver		nascut

Futur

naixeré
naixeràs
naixerà
naixerem
naixereu
naixeran

Futur perfet

hauré	nascut
hauràs	nascut
haurà	nascut
haurem	nascut
haureu	nascut
hauran	nascut

Condicional

naixeria
naixeries
naixeria
naixeríem
naixeríeu
naixerien

Condicional perfet

hauria (haguera)	nascut
hauries (hagueres)	nascut
hauria (haguera)	nascut
hauríem (haguérem)	nascut
hauríeu (haguéreu)	nascut
haurien (hagueren)	nascut

SUBJUNTIU

Present

neixi
neixis
neixi
naixem
naixeu
neixin

Perfet

hagi	nascut
hagis	nascut
hagi	nascut
hàgim	nascut
hàgiu	nascut
hagin	nascut

Imperfet

naixés (nasqués)
naixessis (nasquessis)
naixés (nasqués)
naixéssim (nasquéssim)
naixéssiu (nasquéssiu)
naixessin (nasquessin)

Plusquamperfet

hagués	nascut
haguessis	nascut
hagués	nascut
haguéssim	nascut
haguéssiu	nascut
haguessin	nascut

IMPERATIU

—	naixem
neix	naixeu
neixi	neixin

Formes no personals

Infinitiu

néixer
Perfet: haver nascut

Gerundi

naixent
Perfet: havent nascut

Participi

nascut
nascuda
nascuts
nascudes

Formes personals

■ INDICATIU

Present		Perfet	
noc		he	nogut
nous		has	nogut
nou		ha	nogut
noem		hem	nogut
noeu		heu	nogut
nouen		han	nogut

Imperfet		Plusquamperfet	
noïa		havia	nogut
noïes		havies	nogut
noïa		havia	nogut
noíem		havíem	nogut
noíeu		havíeu	nogut
noïen		havien	nogut

Passat simple		Passat anterior	
noguí		haguí	nogut
nogueres		hagueres	nogut
nogué		hagué	nogut
noguérem		haguérem	nogut
noguéreu		haguéreu	nogut
nogueren		hagueren	nogut

Passat perifràstic		Passat anterior perifràstic	
vaig	noure	vaig haver	nogut
vas (vares)	noure	vas (vares) haver	nogut
va	noure	va haver	nogut
vam (vàrem)	noure	vam (vàrem) haver	nogut
vau (vàreu)	noure	vau (vàreu) haver	nogut
van (varen)	noure	van (varen) haver	nogut

Futur		Futur perfet	
nouré		hauré	nogut
nouràs		hauràs	nogut
nourà		haurà	nogut
nourem		haurem	nogut
noureu		haureu	nogut
nouran		hauran	nogut

Condicional

nouria
nouries
nouria
nouríem
nouríeu
nourien

Condicional perfet

hauria (haguera)	nogut
hauries (hagueres)	nogut
hauria (haguera)	nogut
hauríem (haguérem)	nogut
hauríeu (haguéreu)	nogut
haurien (hagueren)	nogut

SUBJUNTIU

Present

nogui
noguis
nogui
noguem
nogueu
noguin

Perfet

hagi	nogut
hagis	nogut
hagi	nogut
hàgim	nogut
hàgiu	nogut
hagin	nogut

Imperfet

nogués
noguessis
nogués
noguéssim
noguéssiu
noguessin

Plusquamperfet

hagués	nogut
haguessis	nogut
hagués	nogut
haguéssim	nogut
haguéssiu	nogut
haguessin	nogut

IMPERATIU

—	noguem
nou	noeu
nogui	noguin

Formes no personals

Infinitiu

noure
Perfet: haver nogut

Gerundi

noent
Perfet: havent nogut

Participi

nogut
noguda
noguts
nogudes

Formes personals

INDICATIU

Present	Perfet	
obliquo	he	obliquat
obliqües	has	obliquat
obliqua	ha	obliquat
obliqüem	hem	obliquat
obliqüeu	heu	obliquat
obliqüen	han	obliquat

Imperfet	Plusquamperfet	
obliquava	havia	obliquat
obliquaves	havies	obliquat
obliquava	havia	obliquat
obliquàvem	havíem	obliquat
obliquàveu	havíeu	obliquat
obliquaven	havien	obliquat

Passat simple	Passat anterior	
obliquí	haguí	obliquat
obliquares	hagueres	obliquat
obliquà	hagué	obliquat
obliquàrem	haguérem	obliquat
obliquàreu	haguéreu	obliquat
obliquaren	hagueren	obliquat

Passat perifràstic		Passat anterior perifràstic	
vaig	obliquar	vaig haver	obliquat
vas (vares)	obliquar	vas (vares) haver	obliquat
va	obliquar	va haver	obliquat
vam (vàrem)	obliquar	vam (vàrem) haver	obliquat
vau (vàreu)	obliquar	vau (vàreu) haver	obliquat
van (varen)	obliquar	van (varen) haver	obliquat

Futur	Futur perfet	
obliquaré	hauré	obliquat
obliquaràs	hauràs	obliquat
obliquarà	haurà	obliquat
obliquarem	haurem	obliquat
obliquareu	haureu	obliquat
obliquaran	hauran	obliquat

Condicional
obliquaria
obliquaries
obliquaria
obliquaríem
obliquaríeu
obliquarien

Condicional perfet
hauria (haguera)   obliquat
hauries (hagueres) obliquat
hauria (haguera)   obliquat
hauríem (haguérem) obliquat
hauríeu (haguéreu) obliquat
haurien (hagueren) obliquat

SUBJUNTIU

Present
obliqüi
obliqüis
obliqüi
obliqüem
obliqüeu
obliqüin

Perfet
hagi   obliquat
hagis   obliquat
hagi   obliquat
hàgim   obliquat
hàgiu   obliquat
hagin   obliquat

Imperfet
obliqüés
obliqüessis
obliqüés
obliqüéssim
obliqüéssiu
obliqüessin

Plusquamperfet
hagués   obliquat
haguessis obliquat
hagués   obliquat
haguéssim obliquat
haguéssiu obliquat
haguessin obliquat

IMPERATIU

—   obliqüem
obliqua   obliqüeu
obliqüi   obliqüin

Formes no personals

Infinitiu
obliquar
Perfet: haver obliquat

Gerundi
obliquant
Perfet: havent obliquat

Participi
obliquat
obliquada
obliquats
obliquades

Formes personals

INDICATIU

Present		*Perfet*	
obro		he	obert
obres		has	obert
obre		ha	obert
obrim		hem	obert
obriu		heu	obert
obren		han	obert

Imperfet		*Plusquamperfet*	
obria		havia	obert
obries		havies	obert
obria		havia	obert
obríem		havíem	obert
obríeu		havíeu	obert
obrien		havien	obert

Passat simple		*Passat anterior*	
obrí		haguí	obert
obrires		hagueres	obert
obrí		hagué	obert
obrírem		haguérem	obert
obríreu		haguéreu	obert
obriren		hagueren	obert

Passat perifràstic		*Passat anterior perifràstic*	
vaig	obrir	vaig haver	obert
vas (vares)	obrir	vas (vares) haver	obert
va	obrir	va haver	obert
vam (vàrem)	obrir	vam (vàrem) haver	obert
vau (vàreu)	obrir	vau (vàreu) haver	obert
van (varen)	obrir	van (varen) haver	obert

Futur		*Futur perfet*	
obriré		hauré	obert
obriràs		hauràs	obert
obrirà		haurà	obert
obrirem		haurem	obert
obrireu		haureu	obert
obriran		hauran	obert

Condicional

obriria
obriries
obriria
obriríem
obriríeu
obririen

Condicional perfet

hauria (haguera)	obert
hauries (hagueres)	obert
hauria (haguera)	obert
hauríem (haguérem)	obert
hauríeu (haguéreu)	obert
haurien (hagueren)	obert

▮ SUBJUNTIU

Present

obri
obris
obri
obrim
obriu
obrin

Perfet

hagi	obert
hagis	obert
hagi	obert
hàgim	obert
hàgiu	obert
hagin	obert

Imperfet

obrís
obrissis
obrís
obríssim
obríssiu
obrissin

Plusquamperfet

hagués	obert
haguessis	obert
hagués	obert
haguéssim	obert
haguéssiu	obert
haguessin	obert

▮ IMPERATIU

—	obrim
obre	obriu
obri	obrin

Formes no personals

Infinitiu

obrir
Perfet: haver obert

Gerundi

obrint
Perfet: havent obert

Participi

obert
oberta
oberts
obertes

Formes personals

INDICATIU

Present	Perfet	
obtinc	he	obtingut
obtens	has	obtingut
obté	ha	obtingut
obtenim	hem	obtingut
obteniu	heu	obtingut
obtenen	han	obtingut

Imperfet	Plusquamperfet	
obtenia	havia	obtingut
obtenies	havies	obtingut
obtenia	havia	obtingut
obteníem	havíem	obtingut
obteníeu	havíeu	obtingut
obtenien	havien	obtingut

Passat simple	Passat anterior	
obtinguí	haguí	obtingut
obtingueres	hagueres	obtingut
obtingué	hagué	obtingut
obtinguérem	haguérem	obtingut
obtinguéreu	haguéreu	obtingut
obtingueren	hagueren	obtingut

Passat perifràstic		Passat anterior perifràstic	
vaig	obtenir	vaig haver	obtingut
vas (vares)	obtenir	vas (vares) haver	obtingut
va	obtenir	va haver	obtingut
vam (vàrem)	obtenir	vam (vàrem) haver	obtingut
vau (vàreu)	obtenir	vau (vàreu) haver	obtingut
van (varen)	obtenir	van (varen) haver	obtingut

Futur	Futur perfet	
obtindré	hauré	obtingut
obtindràs	hauràs	obtingut
obtindrà	haurà	obtingut
obtindrem	haurem	obtingut
obtindreu	haureu	obtingut
obtindran	hauran	obtingut

Condicional

obtindria
obtindries
obtindria
obtindríem
obtindríeu
obtindrien

Condicional perfet

hauria (haguera)	obtingut
hauries (hagueres)	obtingut
hauria (haguera)	obtingut
hauríem (haguérem)	obtingut
hauríeu (haguéreu)	obtingut
haurien (hagueren)	obtingut

SUBJUNTIU

Present

obtingui
obtinguis
obtingui
obtinguem
obtingueu
obtinguin

Perfet

hagi	obtingut
hagis	obtingut
hagi	obtingut
hàgim	obtingut
hàgiu	obtingut
hagin	obtingut

Imperfet

obtingués
obtinguessis
obtingués
obtinguéssim
obtinguéssiu
obtinguessin

Plusquamperfet

hagués	obtingut
haguessis	obtingut
hagués	obtingut
haguéssim	obtingut
haguéssiu	obtingut
haguessin	obtingut

IMPERATIU

—	obtinguem
obtén (*o* obtingues)	obteniu (*o* obtingueu)
obtingui	obtinguin

Formes no personals

Infinitiu

obtenir
Perfet: haver obtingut

Gerundi

obtenint
Perfet: havent obtingut

Participi

obtingut
obtinguda
obtinguts
obtingudes

Formes personals

INDICATIU

Present

oeixo
oeixes (o ous)
oeix (o ou)
oïm
oïu
oeixen (o ouen)

Perfet

he	oït
has	oït
ha	oït
hem	oït
heu	oït
han	oït

Imperfet

oïa
oïes
oïa
oíem
oíeu
oïen

Plusquamperfet

havia	oït
havies	oït
havia	oït
havíem	oït
havíeu	oït
havien	oït

Passat simple

oí
oïres
oí
oírem
oíreu
oïren

Passat anterior

haguí	oït
hagueres	oït
hagué	oït
haguérem	oït
haguéreu	oït
hagueren	oït

Passat perifràstic

vaig	oir
vas (vares)	oir
va	oir
vam (vàrem)	oir
vau (vàreu)	oir
van (varen)	oir

Passat anterior perifràstic

vaig haver	oït
vas (vares) haver	oït
va haver	oït
vam (vàrem) haver	oït
vau (vàreu) haver	oït
van (varen) haver	oït

Futur

oiré
oiràs
oirà
oirem
oireu
oiran

Futur perfet

hauré	oït
hauràs	oït
haurà	oït
haurem	oït
haureu	oït
hauran	oït

Condicional

oiria
oiries
oiria
oiríem
oiríeu
oirien

Condicional perfet

hauria (haguera) oït
hauries (hagueres) oït
hauria (haguera) oït
hauríem (haguérem) oït
hauríeu (haguéreu) oït
haurien (hagueren) oït

SUBJUNTIU

Present

oeixi
oeixis
oeixi
oïm
oïu
oeixin

Perfet

hagi oït
hagis oït
hagi oït
hàgim oït
hàgiu oït
hagin oït

Imperfet

oís
oïssis
oís
oíssim
oíssiu
oïssin

Plusquamperfet

hagués oït
haguessis oït
hagués oït
haguéssim oït
haguéssiu oït
haguessin oït

IMPERATIU

— oïm
oeix (ou) oïu
oeixi oeixin

Formes no personals

Infinitiu

oir
Perfet: haver oït

Gerundi

oint
Perfet: havent oït

Participi

oït
oïda
oïts
oïdes

Formes personals

■ INDICATIU

Present	Perfet	
omplo	he	omplert
omples	has	omplert
omple	ha	omplert
omplim	hem	omplert
ompliu	heu	omplert
omplen	han	omplert

Imperfet	Plusquamperfet	
omplia	havia	omplert
omplies	havies	omplert
omplia	havia	omplert
omplíem	havíem	omplert
omplíeu	havíeu	omplert
omplien	havien	omplert

Passat simple	Passat anterior	
omplí	haguí	omplert
omplires	hagueres	omplert
omplí	hagué	omplert
omplírem	haguérem	omplert
omplíreu	haguéreu	omplert
ompliren	hagueren	omplert

Passat perifràstic		Passat anterior perifràstic	
vaig	omplir	vaig haver	omplert
vas (vares)	omplir	vas (vares) haver	omplert
va	omplir	va haver	omplert
vam (vàrem)	omplir	vam (vàrem) haver	omplert
vau (vàreu)	omplir	vau (vàreu) haver	omplert
van (varen)	omplir	van (varen) haver	omplert

Futur	Futur perfet	
ompliré	hauré	omplert
ompliràs	hauràs	omplert
omplirà	haurà	omplert
omplirem	haurem	omplert
omplireu	haureu	omplert
ompliran	hauran	omplert

Condicional

ompliria
ompliries
ompliria
ompliríem
ompliríeu
omplirien

Condicional perfet

hauria (haguera)	omplert
hauries (hagueres)	omplert
hauria (haguera)	omplert
hauríem (haguérem)	omplert
hauríeu (haguéreu)	omplert
haurien (hagueren)	omplert

▉ SUBJUNTIU

Present

ompli
omplis
ompli
omplim
ompliu
omplin

Perfet

hagi	omplert
hagis	omplert
hagi	omplert
hàgim	omplert
hàgiu	omplert
hagin	omplert

Imperfet

omplís
omplissis
omplís
omplíssim
omplíssiu
omplissin

Plusquamperfet

hagués	omplert
haguessis	omplert
hagués	omplert
haguéssim	omplert
haguéssiu	omplert
haguessin	omplert

▉ IMPERATIU

—	omplim
omple	ompliu
ompli	omplin

Formes no personals

Infinitiu

omplir
Perfet: haver omplert

Gerundi

omplint
Perfet: havent omplert

Participi

omplert
omplerta
omplerts
omplertes
(o omplit omplida
omplits omplides)

Formes personals

INDICATIU

Present		Perfet	
peixo		he	pascut
peixes		has	pascut
peix		ha	pascut
paixem		hem	pascut
paixeu		heu	pascut
peixen		han	pascut

Imperfet		Plusquamperfet	
paixia		havia	pascut
paixies		havies	pascut
paixia		havia	pascut
paixíem		havíem	pascut
paixíeu		havíeu	pascut
paixien		havien	pascut

Passat simple		Passat anterior	
paixí		haguí	pascut
paixeres		hagueres	pascut
paixé		hagué	pascut
paixérem		haguérem	pascut
paixéreu		haguéreu	pascut
paixeren		hagueren	pascut

Passat perifràstic		Passat anterior perifràstic	
vaig	péixer	vaig haver	pascut
vas (vares)	péixer	vas (vares) haver	pascut
va	péixer	va haver	pascut
vam (vàrem)	péixer	vam (vàrem) haver	pascut
vau (vàreu)	péixer	vau (vàreu) haver	pascut
van (varen)	péixer	van (varen) haver	pascut

Futur		Futur perfet	
paixeré		hauré	pascut
paixeràs		hauràs	pascut
paixerà		haurà	pascut
paixerem		haurem	pascut
paixereu		haureu	pascut
paixeran		hauran	pascut

Condicional

paixeria
paixeries
paixeria
paixeríem
paixeríeu
paixerien

Condicional perfet

hauria (haguera) pascut
hauries (hagueres) pascut
hauria (haguera) pascut
hauríem (haguérem) pascut
hauríeu (haguéreu) pascut
haurien (hagueren) pascut

SUBJUNTIU

Present

peixi
peixis
peixi
paixem
paixeu
peixin

Perfet

hagi pascut
hagis pascut
hagi pascut
hàgim pascut
hàgiu pascut
hagin pascut

Imperfet

paixés
paixessis
paixés
paixéssim
paixéssiu
paixessin

Plusquamperfet

hagués pascut
haguessis pascut
hagués pascut
haguéssim pascut
haguéssiu pascut
haguessin pascut

IMPERATIU

—   paixem
peix   paixeu
peixi   peixin

Formes no personals

Infinitiu

péixer
Perfet: haver pascut

Gerundi

paixent
Perfet: havent pascut

Participi

pascut
pascuda
pascuts
pascudes

Formes personals

INDICATIU

Present
perdo
perds
perd
perdem
perdeu
perden

Perfet
he   perdut
has   perdut
ha   perdut
hem   perdut
heu   perdut
han   perdut

Imperfet
perdia
perdies
perdia
perdíem
perdíeu
perdien

Plusquamperfet
havia   perdut
havies   perdut
havia   perdut
havíem   perdut
havíeu   perdut
havien   perdut

Passat simple
perdí
perderes
perdé
perdérem
perdéreu
perderen

Passat anterior
haguí   perdut
hagueres   perdut
hagué   perdut
haguérem   perdut
haguéreu   perdut
hagueren   perdut

Passat perifràstic
vaig   perdre
vas (vares)   perdre
va   perdre
vam (vàrem) perdre
vau (vàreu)   perdre
van (varen)   perdre

Passat anterior perifràstic
vaig haver   perdut
vas (vares) haver   perdut
va haver   perdut
vam (vàrem) haver perdut
vau (vàreu) haver   perdut
van (varen) haver   perdut

Futur
perdré
perdràs
perdrà
perdrem
perdreu
perdran

Futur perfet
hauré   perdut
hauràs   perdut
haurà   perdut
haurem   perdut
haureu   perdut
hauran   perdut

Condicional

perdria
perdries
perdria
perdríem
perdríeu
perdrien

Condicional perfet

hauria (haguera)   perdut
hauries (hagueres)   perdut
hauria (haguera)   perdut
hauríem (haguérem)   perdut
hauríeu (haguéreu)   perdut
haurien (hagueren)   perdut

SUBJUNTIU

Present

perdi
perdis
perdi
perdem
perdeu
perdin

Perfet

hagi   perdut
hagis   perdut
hagi   perdut
hàgim   perdut
hàgiu   perdut
hagin   perdut

Imperfet

perdés
perdessis
perdés
perdéssim
perdéssiu
perdessin

Plusquamperfet

hagués   perdut
haguessis   perdut
hagués   perdut
haguéssim   perdut
haguéssiu   perdut
haguessin   perdut

IMPERATIU

—	perdem
perd	perdeu
perdi	perdin

Formes no personals

Infinitiu

perdre
Perfet: haver perdut

Gerundi

perdent
Perfet: havent perdut

Participi

perdut
perduda
perduts
perdudes

Formes personals

INDICATIU

Present
pertanyo
pertanys
pertany
pertanyem
pertanyeu
pertanyen

Perfet
he pertangut
has pertangut
ha pertangut
hem pertangut
heu pertangut
han pertangut

Imperfet
pertanyia
pertanyies
pertanyia
pertanyíem
pertanyíeu
pertanyien

Plusquamperfet
havia pertangut
havies pertangut
havia pertangut
havíem pertangut
havíeu pertangut
havien pertangut

Passat simple
pertanyí (pertanguí)
pertanyeres (pertangueres)
pertanyé (pertangué)
pertanyérem (pertanguérem)
pertanyéreu (pertanguéreu)
pertanyeren (pertangueren)

Passat anterior
haguí pertangut
hagueres pertangut
hagué pertangut
haguérem pertangut
haguéreu pertangut
hagueren pertangut

Passat perifràstic
vaig pertànyer
vas (vares) pertànyer
va pertànyer
vam (vàrem) pertànyer
vau (vàreu) pertànyer
van (varen) pertànyer

Passat anterior perifràstic
vaig haver pertangut
vas (vares) haver pertangut
va haver pertangut
vam (vàrem) haver pertangut
vau (vàreu) haver pertangut
van (varen) haver pertangut

Futur
pertanyeré
pertanyeràs
pertanyerà
pertanyerem
pertanyereu
pertanyeran

Futur perfet
hauré pertangut
hauràs pertangut
haurà pertangut
haurem pertangut
haureu pertangut
hauran pertangut

Condicional
pertanyeria
pertanyeries
pertanyeria
pertanyeríem
pertanyeríeu
pertanyerien

Condicional perfet
hauria (haguera) pertangut
hauries (hagueres) pertangut
hauria (haguera) pertangut
hauríem (haguérem) pertangut
hauríeu (haguéreu) pertangut
haurien (hagueren) pertangut

SUBJUNTIU

Present
pertanyi (*o* pertangui)
pertanyis (*o* pertanguis)
pertanyi (*o* pertangui)
pertanyem (*o* pertanguem)
pertanyeu (*o* pertangueu)
pertanyin (*o* pertanguin)

Perfet
hagi pertangut
hagis pertangut
hagi pertangut
hàgim pertangut
hàgiu pertangut
hagin pertangut

Imperfet
pertanyés (*o* pertangués)
pertanyessis (*o* pertanguessis)
pertanyés (*o* pertanguessis)
pertanyéssim (*o* pertanguéssim)
pertanyéssiu (*o* pertanguéssiu)
pertanyessin (*o* pertanguessin)

Plusquamperfet
hagués pertangut
haguessis pertangut
hagués pertangut
haguéssim pertangut
haguéssiu pertangut
haguessin pertangut

IMPERATIU

—
pertany
pertanyi (*o* pertangui)

pertanyem (*o* pertanguem)
pertanyeu
pertanyin (*o* pertanguin)

Formes no personals

Infinitiu
pertànyer
Perfet: haver pertangut

Gerundi
pertanyent
Perfet: havent pertangut

Participi
pertangut
pertanguda
pertanguts
pertangudes
(*o* pertanyut pertanyuda
pertanyuts pertanyudes)

■ INDICATIU

Present		Perfet	
puc		he	pogut
pots		has	pogut
pot		ha	pogut
podem		hem	pogut
podeu		heu	pogut
poden		han	pogut

Imperfet		Plusquamperfet	
podia		havia	pogut
podies		havies	pogut
podia		havia	pogut
podíem		havíem	pogut
podíeu		havíeu	pogut
podien		havien	pogut

Passat simple		Passat anterior	
poguí		haguí	pogut
pogueres		hagueres	pogut
pogué		hagué	pogut
poguérem		haguérem	pogut
poguéreu		haguéreu	pogut
pogueren		hagueren	pogut

Passat perifràstic		Passat anterior perifràstic	
vaig	poder	vaig haver	pogut
vas (vares)	poder	vas (vares) haver	pogut
va	poder	va haver	pogut
vam (vàrem)	poder	vam (vàrem) haver	pogut
vau (vàreu)	poder	vau (vàreu) haver	pogut
van (varen)	poder	van (varen) haver	pogut

Futur		Futur perfet	
podré		hauré	pogut
podràs		hauràs	pogut
podrà		haurà	pogut
podrem		haurem	pogut
podreu		haureu	pogut
podran		hauran	pogut

Condicional
podria
podries
podria
podríem
podríeu
podrien

Condicional perfet
hauria (haguera) pogut
hauries (hagueres) pogut
hauria (haguera) pogut
hauríem (haguérem) pogut
hauríeu (haguéreu) pogut
haurien (hagueren) pogut

SUBJUNTIU

Present
pugui
puguis
pugui
puguem
pugueu
puguin

Perfet
hagi pogut
hagis pogut
hagi pogut
hàgim pogut
hàgiu pogut
hagin pogut

Imperfet
pogués
poguessis
pogués
poguéssim
poguéssiu
poguessin

Plusquamperfet
hagués pogut
haguessis pogut
hagués pogut
haguéssim pogut
haguéssiu pogut
haguessin pogut

IMPERATIU

—   puguem
pugues   pugueu
pugui   puguin

Formes no personals

Infinitiu
poder
Perfet: haver pogut

Gerundi
podent
Perfet: havent pogut

Participi
pogut
poguda
poguts
pogudes

▮ INDICATIU

Present

posseeixo
posseeixes
posseeix
posseïm
posseïu
posseeixen

Perfet

he	posseït
has	posseït
ha	posseït
hem	posseït
heu	posseït
han	posseït

Imperfet

posseïa
posseïes
posseïa
posseíem
posseíeu
posseïen

Plusquamperfet

havia	posseït
havies	posseït
havia	posseït
havíem	posseït
havíeu	posseït
havien	posseït

Passat simple

posseí
posseïres
posseí
posseírem
posseíreu
posseïren

Passat anterior

haguí	posseït
hagueres	posseït
hagué	posseït
haguérem	posseït
haguéreu	posseït
hagueren	posseït

Passat perifràstic

vaig	posseir
vas (vares)	posseir
va	posseir
vam (vàrem)	posseir
vau (vàreu)	posseir
van (varen)	posseir

Passat anterior perifràstic

vaig haver	posseït
vas (vares) haver	posseït
va haver	posseït
vam (vàrem) haver	posseït
vau (vàreu) haver	posseït
van (varen) haver	posseït

Futur

posseiré
posseiràs
posseirà
posseirem
posseireu
posseiran

Futur perfet

hauré	posseït
hauràs	posseït
haurà	posseït
haurem	posseït
haureu	posseït
hauran	posseït

Condicional

posseiria
posseiries
posseiria
posseiríem
posseiríeu
posseirien

Condicional perfet

hauria (haguera)	posseït
hauries (hagueres)	posseït
hauria (haguera)	posseït
hauríem (haguérem)	posseït
hauríeu (haguéreu)	posseït
haurien (hagueren)	posseït

SUBJUNTIU

Present

posseeixi
posseeixis
posseeixi
posseïm
posseïu
posseeixin

Perfet

hagi	posseït
hagis	posseït
hagi	posseït
hàgim	posseït
hàgiu	posseït
hagin	posseït

Imperfet

posseís
posseïssis
posseís
posseíssim
posseíssiu
posseïssin

Plusquamperfet

hagués	posseït
haguessis	posseït
hagués	posseït
haguéssim	posseït
haguéssiu	posseït
haguessin	posseït

IMPERATIU

—	posseïm
posseeix	posseïu
posseeixi	posseexin

Formes no personals

Infinitiu

posseir
Perfet: haver posseït

Gerundi

posseint
Perfet: havent posseït

Participi

posseït
posseïda
posseïts
posseïdes

Formes personals

INDICATIU

Present		Perfet	
prego		he	pregat
pregues		has	pregat
prega		ha	pregat
preguem		hem	pregat
pregueu		heu	pregat
preguen		han	pregat

Imperfet		Plusquamperfet	
pregava		havia	pregat
pregaves		havies	pregat
pregava		havia	pregat
pregàvem		havíem	pregat
pregàveu		havíeu	pregat
pregaven		havien	pregat

Passat simple		Passat anterior	
preguí		haguí	pregat
pregares		hagueres	pregat
pregà		hagué	pregat
pregàrem		haguérem	pregat
pregàreu		haguéreu	pregat
pregaren		hagueren	pregat

Passat perifràstic		Passat anterior perifràstic	
vaig	pregar	vaig haver	pregat
vas (vares)	pregar	vas (vares) haver	pregat
va	pregar	va haver	pregat
vam (vàrem)	pregar	vam (vàrem) haver	pregat
vau (vàreu)	pregar	vau (vàreu) haver	pregat
van (varen)	pregar	van (varen) haver	pregat

Futur		Futur perfet	
pregaré		hauré	pregat
pregaràs		hauràs	pregat
pregarà		haurà	pregat
pregarem		haurem	pregat
pregareu		haureu	pregat
pregaran		hauran	pregat

Condicional

pregaria
pregaries
pregaria
pregaríem
pregaríeu
pregarien

Condicional perfet

hauria (haguera)   pregat
hauries (haguères)   pregat
hauria (haguera)   pregat
hauríem (haguérem)   pregat
hauríeu (haguéreu)   pregat
haurien (hagueren)   pregat

SUBJUNTIU

Present

pregui
preguis
pregui
preguem
pregueu
preguin

Perfet

hagi   pregat
hagis   pregat
hagi   pregat
hàgim   pregat
hàgiu   pregat
hagin   pregat

Imperfet

pregués
preguessis
pregués
preguéssim
preguéssiu
preguessin

Plusquamperfet

hagués   pregat
haguessis   pregat
hagués   pregat
haguéssim   pregat
haguéssiu   pregat
haguessin   pregat

IMPERATIU

—   preguem
prega   pregueu
pregui   preguin

Formes no personals

Infinitiu

pregar
Perfet: haver pregat

Gerundi

pregant
Perfet: havent pregat

Participi

pregat
pregada
pregats
pregades

Formes personals

INDICATIU

Present
prenc
prens
pren
prenem
preneu
prenen

Perfet
he	pres
has	pres
ha	pres
hem	pres
heu	pres
han	pres

Imperfet
prenia
prenies
prenia
preníem
preníeu
prenien

Plusquamperfet
havia	pres
havies	pres
havia	pres
havíem	pres
havíeu	pres
havien	pres

Passat simple
prenguí
prengueres
prengué
prenguérem
prenguéreu
prengueren

Passat anterior
haguí	pres
hagueres	pres
hagué	pres
haguérem	pres
haguéreu	pres
hagueren	pres

Passat perifràstic
vaig	prendre
vas (vares)	prendre
va	prendre
vam (vàrem)	prendre
vau (vàreu)	prendre
van (varen)	prendre

Passat anterior perifràstic
vaig haver	pres
vas (vares) haver	pres
va haver	pres
vam (vàrem) haver	pres
vau (vàreu) haver	pres
van (varen) haver	pres

Futur
prendré
prendràs
prendrà
prendrem
prendreu
prendran

Futur perfet
hauré	pres
hauràs	pres
haurà	pres
haurem	pres
haureu	pres
hauran	pres

Condicional
prendria
prendries
prendria
prendríem
prendríeu
prendrien

Condicional perfet
hauria (haguera)   pres
hauries (hagueres)   pres
hauria (haguera)   pres
hauríem (haguérem)   pres
hauríeu (haguéreu)   pres
haurien (hagueren)   pres

SUBJUNTIU

Present
prengui
prenguis
prengui
prenguem
prengueu
prenguin

Perfet
hagi   pres
hagis   pres
hagi   pres
hàgim   pres
hàgiu   pres
hagin   pres

Imperfet
prengués
prenguessis
prengués
prenguéssim
prenguéssiu
prenguessin

Plusquamperfet
hagués   pres
haguessis   pres
hagués   pres
haguéssim   pres
haguéssiu   pres
haguessin   pres

IMPERATIU

—   prenguem
pren   preneu
prengui   prenguin

Formes no personals

Infinitiu
prendre
Perfet: haver pres

Participi
pres
presa
presos
preses

Gerundi
prenent
Perfet: havent pres

Formes personals

INDICATIU

Present
previnc
prevens
prevé
prevenim
preveniu
prevenen

Perfet
he	previngut
has	previngut
ha	previngut
hem	previngut
heu	previngut
han	previngut

Imperfet
prevenia
prevenies
prevenia
preveníem
preveníeu
prevenien

Plusquamperfet
havia	previngut
havies	previngut
havia	previngut
havíem	previngut
havíeu	previngut
havien	previngut

Passat simple
previnguí
previngueres
previngué
previnguérem
previnguéreu
previngueren

Passat anterior
haguí	previngut
hagueres	previngut
hagué	previngut
haguérem	previngut
haguéreu	previngut
hagueren	previngut

Passat perifràstic
vaig	prevenir
vas (vares)	prevenir
va	prevenir
vam (vàrem)	prevenir
vau (vàreu)	prevenir
van (varen)	prevenir

Passat anterior perifràstic
vaig haver	previngut
vas (vares) haver	previngut
va haver	previngut
vam (vàrem) haver	previngut
vau (vàreu) haver	previngut
van (varen) haver	previngut

Futur
previndré
previndràs
previndrà
previndrem
previndreu
previndran

Futur perfet
hauré	previngut
hauràs	previngut
haurà	previngut
haurem	previngut
haureu	previngut
hauran	previngut

Condicional

previndria
previndries
previndria
previndríem
previndríeu
previndrien

Condicional perfet

hauria (haguera)	previngut
hauries (hagueres)	previngut
hauria (haguera)	previngut
hauríem (haguérem)	previngut
hauríeu (haguéreu)	previngut
haurien (hagueren)	previngut

SUBJUNTIU

Present

previngui
previnguis
previngui
previnguem
previngueu
previnguin

Perfet

hagi	previngut
hagis	previngut
hagi	previngut
hàgim	previngut
hàgiu	previngut
hagin	previngut

Imperfet

previngués
previnguessis
previngués
previnguéssim
previnguéssiu
previnguessin

Plusquamperfet

hagués	previngut
haguessis	previngut
hagués	previngut
haguéssim	previngut
haguéssiu	previngut
haguessin	previngut

IMPERATIU

—	previnguem
prevén	preveniu
previngui	previnguin

Formes no personals

Infinitiu

prevenir
Perfet: haver previngut

Gerundi

prevenint
Perfet: havent previngut

Participi

previngut
previnguda
previnguts
previngudes

Formes personals

■ INDICATIU

Present	Perfet	
pruo	he	pruït
pruus	has	pruït
pruu	ha	pruït
pruïm	hem	pruït
pruïu	heu	pruït
pruen	han	pruït

Imperfet	Plusquamperfet	
pruïa	havia	pruït
pruïes	havies	pruït
pruïa	havia	pruït
pruíem	havíem	pruït
pruíeu	havíeu	pruït
pruïen	havien	pruït

Passat simple	Passat anterior	
pruí	haguí	pruït
pruïres	hagueres	pruït
pruí	hagué	pruït
pruírem	haguérem	pruït
pruíreu	haguéreu	pruït
pruïren	hagueren	pruït

Passat perifràstic	Passat anterior perifràstic	
vaig pruir	vaig haver	pruït
vas (vares) pruir	vas (vares) haver	pruït
va pruir	va haver	pruït
vam (vàrem) pruir	vam (vàrem) haver	pruït
vau (vàreu) pruir	vau (vàreu) haver	pruït
van (varen) pruir	van (varen) haver	pruït

Futur	Futur perfet	
pruiré	hauré	pruït
pruiràs	hauràs	pruït
pruirà	haurà	pruït
pruirem	haurem	pruït
pruireu	haureu	pruït
pruiran	hauran	pruït

Condicional
pruiria
pruiries
pruiria
pruiríem
pruiríeu
pruirien

Condicional perfet
hauria (haguera) pruït
hauries (hagueres) pruït
hauria (haguera) pruït
hauríem (haguérem) pruït
hauríeu (haguéreu) pruït
haurien (hagueren) pruït

SUBJUNTIU

Present
pruï
pruïs
pruï
pruïm
pruïu
pruïn

Perfet
hagi pruït
hagis pruït
hagi pruït
hàgim pruït
hàgiu pruït
hagin pruït

Imperfet
pruís
pruïssis
pruís
pruíssim
pruíssiu
pruïssin

Plusquamperfet
hagués pruït
haguessis pruït
hagués pruït
haguéssim pruït
haguéssiu pruït
haguessin pruït

IMPERATIU

—
pruu
pruï

pruïm
pruïu
pruïn

Formes no personals

Infinitiu
pruir
Perfet: haver pruït

Gerundi
pruint
Perfet: havent pruït

Participi
pruït
pruïda
pruïts
pruïdes

Formes personals

INDICATIU

Present

pudo
puts
put
pudim
pudiu
puden

Perfet

he	pudit
has	pudit
ha	pudit
hem	pudit
heu	pudit
han	pudit

Imperfet

pudia
pudies
pudia
pudíem
pudíeu
pudien

Plusquamperfet

havia	pudit
havies	pudit
havia	pudit
havíem	pudit
havíeu	pudit
havien	pudit

Passat simple

pudí
pudires
pudí
pudírem
pudíreu
pudiren

Passat anterior

haguí	pudit
hagueres	pudit
hagué	pudit
haguérem	pudit
haguéreu	pudit
hagueren	pudit

Passat perifràstic

vaig	pudir
vas (vares)	pudir
va	pudir
vam (vàrem)	pudir
vau (vàreu)	pudir
van (varen)	pudir

Passat anterior perifràstic

vaig haver	pudit
vas (vares) haver	pudit
va haver	pudit
vam (vàrem) haver	pudit
vau (vàreu) haver	pudit
van (varen) haver	pudit

Futur

pudiré
pudiràs
pudirà
pudirem
pudireu
pudiran

Futur perfet

hauré	pudit
hauràs	pudit
haurà	pudit
haurem	pudit
haureu	pudit
hauran	pudit

Condicional

pudiria
pudiries
pudiria
pudiríem
pudiríeu
pudirien

Condicional perfet

hauria (haguera)	pudit
hauries (hagueres)	pudit
hauria (haguera)	pudit
hauríem (haguérem)	pudit
hauríeu (haguéreu)	pudit
haurien (hagueren)	pudit

▧ SUBJUNTIU

Present

pudi
pudis
pudi
pudim
pudiu
pudin

Perfet

hagi	pudit
hagis	pudit
hagi	pudit
hàgim	pudit
hàgiu	pudit
hagin	pudit

Imperfet

pudís
pudissis
pudís
pudíssim
pudíssiu
pudissin

Plusquamperfet

hagués	pudit
haguessis	pudit
hagués	pudit
haguéssim	pudit
haguéssiu	pudit
haguessin	pudit

▧ IMPERATIU

—	pudim
put	pudiu
pudi	pudin

Formes no personals

Infinitiu

pudir
Perfet: haver pudit

Gerundi

pudint
Perfet: havent pudit

Participi

pudit
pudida
pudits
pudides

■ INDICATIU

Present		Perfet	
rebo		he	rebut
reps		has	rebut
rep		ha	rebut
rebem		hem	rebut
rebeu		heu	rebut
reben		han	rebut

Imperfet		Plusquamperfet	
rebia		havia	rebut
rebies		havies	rebut
rebia		havia	rebut
rebíem		havíem	rebut
rebíeu		havíeu	rebut
rebien		havien	rebut

Passat simple		Passat anterior	
rebí		haguí	rebut
reberes		hagueres	rebut
rebé		hagué	rebut
rebérem		haguérem	rebut
rebéreu		haguéreu	rebut
reberen		hagueren	rebut

Passat perifràstic		Passat anterior perifràstic	
vaig	rebre	vaig haver	rebut
vas (vares)	rebre	vas (vares) haver	rebut
va	rebre	va haver	rebut
vam (vàrem)	rebre	vam (vàrem) haver	rebut
vau (vàreu)	rebre	vau (vàreu) haver	rebut
van (varen)	rebre	van (varen) haver	rebut

Futur		Futur perfet	
rebré		hauré	rebut
rebràs		hauràs	rebut
rebrà		haurà	rebut
rebrem		haurem	rebut
rebreu		haureu	rebut
rebran		hauran	rebut

Condicional
rebria
rebries
rebria
rebríem
rebríeu
rebrien

Condicional perfet
hauria (haguera) rebut
hauries (hagueres) rebut
hauria (haguera) rebut
hauríem (haguérem) rebut
hauríeu (haguéreu) rebut
haurien (hagueren) rebut

SUBJUNTIU

Present
rebi
rebis
rebi
rebem
rebeu
rebin

Perfet
hagi rebut
hagis rebut
hagi rebut
hàgim rebut
hàgiu rebut
hagin rebut

Imperfet
rebés
rebessis
rebés
rebéssim
rebéssiu
rebessin

Plusquamperfet
hagués rebut
haguessis rebut
hagués rebut
haguéssim rebut
haguéssiu rebut
haguessin rebut

IMPERATIU

—   rebem
rep   rebeu
rebi   rebin

Formes no personals

Infinitiu
rebre
Perfet: haver rebut

Gerundi
rebent
Perfet: havent rebut

Participi
rebut
rebuda
rebuts
rebudes

Formes personals

INDICATIU

Present
redueixo
redueixes
redueix
reduïm
reduïu
redueixen

Perfet
he   reduït
has   reduït
ha   reduït
hem   reduït
heu   reduït
han   reduït

Imperfet
reduïa
reduïes
reduïa
reduíem
reduíeu
reduïen

Plusquamperfet
havia   reduït
havies   reduït
havia   reduït
havíem   reduït
havíeu   reduït
havien   reduït

Passat simple
reduí
reduïres
reduí
reduírem
reduíreu
reduïren

Passat anterior
haguí   reduït
hagueres   reduït
hagué   reduït
haguérem   reduït
haguéreu   reduït
hagueren   reduït

Passat perifràstic
vaig   reduir
vas (vares)   reduir
va   reduir
vam (vàrem) reduir
vau (vàreu)   reduir
van (varen)   reduir

Passat anterior perifràstic
vaig haver   reduït
vas (vares) haver   reduït
va haver   reduït
vam (vàrem) haver reduït
vau (vàreu) haver reduït
van (varen) haver reduït

Futur
reduiré
reduiràs
reduirà
reduirem
reduireu
reduiran

Futur perfet
hauré   reduït
hauràs   reduït
haurà   reduït
haurem   reduït
haureu   reduït
hauran   reduït

Condicional

reduiria
reduiries
reduiria
reduiríem
reduiríeu
reduirien

Condicional perfet

hauria (haguera)	reduït
hauries (hagueres)	reduït
hauria (haguera)	reduït
hauríem (haguérem)	reduït
hauríeu (haguéreu)	reduït
haurien (hagueren)	reduït

SUBJUNTIU

Present

redueixi
redueixis
redueixi
reduïm
reduïu
redueixin

Perfet

hagi	reduït
hagis	reduït
hagi	reduït
hàgim	reduït
hàgiu	reduït
hagin	reduït

Imperfet

reduís
reduïssis
reduís
reduíssim
reduíssiu
reduïssin

Plusquamperfet

hagués	reduït
haguessis	reduït
hagués	reduït
haguéssim	reduït
haguéssiu	reduït
haguessin	reduït

IMPERATIU

—	reduïm
redueix	reduïu
redueixi	redueixin

Formes no personals

Infinitiu

reduir
Perfet: haver reduït

Gerundi

reduint
Perfet: havent reduït

Participi

reduït
reduïda
reduïts
reduïdes

Formes personals

INDICATIU

Present		Perfet	
reïxo		he	reeixit
reïxes		has	reeixit
reïx		ha	reeixit
reeixim		hem	reeixit
reeixiu		heu	reeixit
reïxen		han	reeixit

Imperfet		Plusquamperfet	
reeixia		havia	reeixit
reeixies		havies	reeixit
reeixia		havia	reeixit
reeixíem		havíem	reeixit
reeixíeu		havíeu	reeixit
reeixien		havien	reeixit

Passat simple		Passat anterior	
reeixí		haguí	reeixit
reeixires		hagueres	reeixit
reeixí		hagué	reeixit
reeixírem		haguérem	reeixit
reeixíreu		haguéreu	reeixit
reeixiren		hagueren	reeixit

Passat perifràstic		Passat anterior perifràstic	
vaig	reeixir	vaig haver	reeixit
vas (vares)	reeixir	vas (vares) haver	reeixit
va	reeixir	va haver	reeixit
vam (vàrem)	reeixir	vam (vàrem) haver	reeixit
vau (vàreu)	reeixir	vau (vàreu) haver	reeixit
van (varen)	reeixir	van (varen) haver	reeixit

Futur		Futur perfet	
reeixiré		hauré	reeixit
reeixiràs		hauràs	reeixit
reeixirà		haurà	reeixit
reeixirem		haurem	reeixit
reeixireu		haureu	reeixit
reeixiran		hauran	reeixit

Condicional
reeixiria
reeixiries
reeixiria
reeixiríem
reeixiríeu
reeixirien

Condicional perfet
hauria (haguera) reeixit
hauries (hagueres) reeixit
hauria (haguera) reeixit
hauríem (haguérem) reeixit
hauríeu (haguéreu) reeixit
haurien (hagueren) reeixit

SUBJUNTIU

Present
reïxi
reïxis
reïxi
reeixim
reeixiu
reïxin

Perfet
hagi reeixit
hagis reeixit
hagi reeixit
hàgim reeixit
hàgiu reeixit
hagin reeixit

Imperfet
reeixís
reeixissis
reeixís
reeixíssim
reeixíssiu
reeixissin

Plusquamperfet
hagués reeixit
haguessis reeixit
hagués reeixit
haguéssim reeixit
haguéssiu reeixit
haguessin reeixit

IMPERATIU

—   reeixim
reïx   reeixiu
reïxi   reïxin

Formes no personals

Infinitiu
reeixir
Perfet: haver reeixit

Gerundi
reeixint
Perfet: havent reeixit

Participi
reeixit
reeixida
reeixits
reeixides

Formes personals

■ INDICATIU

Present		Perfet	
revinc		he	revingut
revéns		has	revingut
revé		ha	revingut
revenim		hem	revingut
reveniu		heu	revingut
revénen		han	revingut

Imperfet		Plusquamperfet	
revenia		havia	revingut
revenies		havies	revingut
revenia		havia	revingut
reveníem		havíem	revingut
reveníeu		havíeu	revingut
revenien		havien	revingut

Passat simple		Passat anterior	
revinguí		haguí	revingut
revingueres		hagueres	revingut
revingué		hagué	revingut
revinguérem		haguérem	revingut
revinguéreu		haguéreu	revingut
revingueren		hagueren	revingut

Passat perifràstic		Passat anterior perifràstic	
vaig	revenir	vaig haver	revingut
vas (vares)	revenir	vas (vares) haver	revingut
va	revenir	va haver	revingut
vam (vàrem)	revenir	vam (vàrem) haver	revingut
vau (vàreu)	revenir	vau (vàreu) haver	revingut
van (varen)	revenir	van (varen) haver	revingut

Futur		Futur perfet	
revindré		hauré	revingut
revindràs		hauràs	revingut
revindrà		haurà	revingut
revindrem		haurem	revingut
revindreu		haureu	revingut
revindran		hauran	revingut

Condicional
revindria
revindries
revindria
revindríem
revindríeu
revindrien

Condicional perfet
hauria (haguera) revingut
hauries (hagueres) revingut
hauria (haguera) revingut
hauríem (haguérem) revingut
hauríeu (haguéreu) revingut
haurien (hagueren) revingut

SUBJUNTIU

Present
revingui
revinguis
revingui
revinguem
revingueu
revinguin

Perfet
hagi revingut
hagis revingut
hagi revingut
hàgim revingut
hàgiu revingut
hagin revingut

Imperfet
revingués
revinguéssis
revingués
revinguéssim
revinguéssiu
revinguessin

Plusquamperfet
hagués revingut
haguessis revingut
hagués revingut
haguéssim revingut
haguéssiu revingut
haguessin revingut

IMPERATIU

— revinguem
revén (o revine) reveniu
revingui revinguin

Formes no personals

Infinitiu
revenir
Perfet: haver revingut

Gerundi
revenint
Perfet: havent revingut

Participi
revingut
revinguda
revinguts
revingudes

Formes personals

INDICATIU

Present

ric
rius
riu
riem
rieu
riuen

Perfet

he	rigut
has	rigut
ha	rigut
hem	rigut
heu	rigut
han	rigut

Imperfet

reia
reies
reia
rèiem
rèieu
reien

Plusquamperfet

havia	rigut
havies	rigut
havia	rigut
havíem	rigut
havíeu	rigut
havien	rigut

Passat simple

riguí
rigueres
rigué
riguérem
riguéreu
rigueren

Passat anterior

haguí	rigut
hagueres	rigut
hagué	rigut
haguérem	rigut
haguéreu	rigut
hagueren	rigut

Passat perifràstic

vaig	riure
vas (vares)	riure
va	riure
vam (vàrem)	riure
vau (vàreu)	riure
van (varen)	riure

Passat anterior perifràstic

vaig haver	rigut
vas (vares) haver	rigut
va haver	rigut
vam (vàrem) haver	rigut
vau (vàreu) haver	rigut
van (varen) haver	rigut

Futur

riuré
riuràs
riurà
riurem
riureu
riuran

Futur perfet

hauré	rigut
hauràs	rigut
haurà	rigut
haurem	rigut
haureu	rigut
hauran	rigut

Condicional

riuria
riuries
riuria
riuríem
riuríeu
riurien

Condicional perfet

hauria (haguera) rigut
hauries (hagueres) rigut
hauria (haguera) rigut
hauríem (haguérem) rigut
hauríeu (haguéreu) rigut
haurien (hagueren) rigut

SUBJUNTIU

Present

rigui
riguis
rigui
riguem
rigueu
riguin

Perfet

hagi rigut
hagis rigut
hagi rigut
hàgim rigut
hàgiu rigut
hagin rigut

Imperfet

rigués
riguessis
rigués
riguéssim
riguéssiu
riguessin

Plusquamperfet

hagués rigut
haguessis rigut
hagués rigut
haguéssim rigut
haguéssiu rigut
haguessin rigut

IMPERATIU

—	riguem
riu	rieu
rigui	riguin

Formes no personals

Infinitiu

riure
Perfet: haver rigut

Gerundi

rient
Perfet: havent rigut

Participi

rigut
riguda
riguts
rigudes

Formes personals

INDICATIU

Present	Perfet	
romanc	he	romàs
romans	has	romàs
roman	ha	romàs
romanem	hem	romàs
romaneu	heu	romàs
romanen	han	romàs

Imperfet	Plusquamperfet	
romania	havia	romàs
romanies	havies	romàs
romania	havia	romàs
romaníem	havíem	romàs
romaníeu	havíeu	romàs
romanien	havien	romàs

Passat simple	Passat anterior	
romanguí	haguí	romàs
romangueres	hagueres	romàs
romangué	hagué	romàs
romanguérem	haguérem	romàs
romanguéreu	haguéreu	romàs
romangueren	hagueren	romàs

Passat perifràstic	Passat anterior perifràstic	
vaig romandre	vaig haver	romàs
vas (vares) romandre	vas (vares) haver	romàs
va romandre	va haver	romàs
vam (vàrem) romandre	vam (vàrem) haver	romàs
vau (vàreu) romandre	vau (vàreu) haver	romàs
van (varen) romandre	van (varen) haver	romàs

Futur	Futur perfet	
romandré	hauré	romàs
romandràs	hauràs	romàs
romandrà	haurà	romàs
romandrem	haurem	romàs
romandreu	haureu	romàs
romandran	hauran	romàs

Condicional

romandria
romandries
romandria
romandríem
romandríeu
romandrien

Condicional perfet

hauria (haguera)   romàs
hauries (hagueres)   romàs
hauria (haguera)   romàs
hauríem (haguérem)   romàs
hauríeu (haguéreu)   romàs
haurien (hagueren)   romàs

SUBJUNTIU

Present

romangui
romanguis
romangui
romanguem
romangueu
romanguin

Perfet

hagi   romàs
hagis   romàs
hagi   romàs
hàgim   romàs
hàgiu   romàs
hagin   romàs

Imperfet

romangués
romanguessis
romangués
romanguéssim
romanguéssiu
romanguessin

Plusquamperfet

hagués   romàs
haguessis   romàs
hagués   romàs
haguéssim   romàs
haguéssiu   romàs
haguessin   romàs

IMPERATIU

—   romanguem
roman   romaneu
romangui   romanguin

Formes no personals

Infinitiu

romandre
Perfet: haver romàs

Gerundi

romanent
Perfet: havent romàs

Participi

romàs
romasa
romasos
romases

Formes personals

INDICATIU

Present		Perfet	
sé		he	sabut
saps		has	sabut
sap		ha	sabut
sabem		hem	sabut
sabeu		heu	sabut
saben		han	sabut

Imperfet		Plusquamperfet	
sabia		havia	sabut
sabies		havies	sabut
sabia		havia	sabut
sabíem		havíem	sabut
sabíeu		havíeu	sabut
sabien		havien	sabut

Passat simple		Passat anterior	
sabí		haguí	sabut
saberes		hagueres	sabut
sabé		hagué	sabut
sabérem		haguérem	sabut
sabéreu		haguéreu	sabut
saberen		hagueren	sabut

Passat perifràstic		Passat anterior perifràstic	
vaig	saber	vaig haver	sabut
vas (vares)	saber	vas (vares) haver	sabut
va	saber	va haver	sabut
vam (vàrem)	saber	vam (vàrem) haver	sabut
vau (vàreu)	saber	vau (vàreu) haver	sabut
van (varen)	saber	van (varen) haver	sabut

Futur		Futur perfet	
sabré		hauré	sabut
sabràs		hauràs	sabut
sabrà		haurà	sabut
sabrem		haurem	sabut
sabreu		haureu	sabut
sabran		hauran	sabut

Condicional

sabria	
sabries	
sabria	
sabríem	
sabríeu	
sabrien	

Condicional perfet

hauria (haguera)	sabut
hauries (hagueres)	sabut
hauria (haguera)	sabut
hauríem (haguérem)	sabut
hauríeu (haguéreu)	sabut
haurien (hagueren)	sabut

SUBJUNTIU

Present

sàpiga
sàpigues
sàpiga
sapiguem
sapigueu
sàpiguen

Perfet

hagi	sabut
hagis	sabut
hagi	sabut
hàgim	sabut
hàgiu	sabut
hagin	sabut

Imperfet

sabés
sabessis
sabés
sabéssim
sabéssiu
sabessin

Plusquamperfet

hagués	sabut
haguessis	sabut
hagués	sabut
haguéssim	sabut
haguéssiu	sabut
haguessin	sabut

IMPERATIU

—	sapiguem
sàpigues	sapigueu
sàpiga	sàpiguen

Formes no personals

Infinitiu

saber
Perfet: haver sabut

Gerundi

sabent
Perfet: havent sabut

Participi

sabut
sabuda
sabuts
sabudes

INDICATIU

Present		Perfet	
sento		he	sentit
sents		has	sentit
sent		ha	sentit
sentim		hem	sentit
sentiu		heu	sentit
senten		han	sentit

Imperfet		Plusquamperfet	
sentia		havia	sentit
senties		havies	sentit
sentia		havia	sentit
sentíem		havíem	sentit
sentíeu		havíeu	sentit
sentien		havien	sentit

Passat simple		Passat anterior	
sentí		haguí	sentit
sentires		hagueres	sentit
sentí		hagué	sentit
sentírem		haguérem	sentit
sentíreu		haguéreu	sentit
sentiren		hagueren	sentit

Passat perifràstic		Passat anterior perifràstic	
vaig	sentir	vaig haver	sentit
vas (vares)	sentir	vas (vares) haver	sentit
va	sentir	va haver	sentit
vam (vàrem)	sentir	vam (vàrem) haver	sentit
vau (vàreu)	sentir	vau (vàreu) haver	sentit
van (varen)	sentir	van (varen) haver	sentit

Futur		Futur perfet	
sentiré		hauré	sentit
sentiràs		hauràs	sentit
sentirà		haurà	sentit
sentirem		haurem	sentit
sentireu		haureu	sentit
sentiran		hauran	sentit

Condicional

sentiria
sentiries
sentiria
sentiríem
sentiríeu
sentirien

Condicional perfet

hauria (haguera)   sentit
hauries (hagueres)   sentit
hauria (haguera)   sentit
hauríem (haguérem)   sentit
hauríeu (haguéreu)   sentit
haurien (hagueren)   sentit

SUBJUNTIU

Present

senti
sentis
senti
sentim
sentiu
sentin

Perfet

hagi   sentit
hagis   sentit
hagi   sentit
hàgim   sentit
hàgiu   sentit
hagin   sentit

Imperfet

sentís
sentissis
sentís
sentíssim
sentíssiu
sentissin

Plusquamperfet

hagués   sentit
haguessis   sentit
hagués   sentit
haguéssim   sentit
haguéssiu   sentit
haguessin   sentit

IMPERATIU

—   sentim
sent   sentiu
senti   sentin

Formes no personals

Infinitiu

sentir
Perfet: haver sentit

Gerundi

sentint
Perfet: havent sentit

Participi

sentit
sentida
sentits
sentides

■ INDICATIU

Present
serveixo
serveixes
serveix
servim
serviu
serveixen

Imperfet
servia
servies
servia
servíem
servíeu
servien

Passat simple
serví
servires
serví
servírem
servíreu
serviren

Passat perifràstic
vaig   servir
vas (vares) servir
va   servir
vam (vàrem) servir
vau (vàreu) servir
van (varen) servir

Futur
serviré
serviràs
servirà
servirem
servireu
serviran

Perfet
he   servit
has   servit
ha   servit
hem   servit
heu   servit
han   servit

Plusquamperfet
havia   servit
havies servit
havia   servit
havíem servit
havíeu servit
havien servit

Passat anterior
haguí   servit
hagueres servit
hagué   servit
haguérem servit
haguéreu servit
hagueren servit

Passat anterior perifràstic
vaig haver   servit
vas (vares) haver servit
va haver   servit
vam (vàrem) haver servit
vau (vàreu) haver servit
van (varen) haver servit

Futur perfet
hauré   servit
hauràs servit
haurà   servit
haurem servit
haureu servit
hauran servit

Condicional

serviria
serviries
serviria
serviríem
serviríeu
servirien

Condicional perfet

hauria (haguera) servit
hauries (hagueres) servit
hauria (haguera) servit
hauríem (haguérem) servit
hauríeu (haguéreu) servit
haurien (hagueren) servit

SUBJUNTIU

Present

serveixi
serveixis
serveixi
servim
serviu
serveixin

Perfet

hagi servit
hagis servit
hagi servit
hàgim servit
hàgiu servit
hagin servit

Imperfet

servís
servissis
servís
servíssim
servíssiu
servissin

Plusquamperfet

hagués servit
haguessis servit
hagués servit
haguéssim servit
haguéssiu servit
haguessin servit

IMPERATIU

— servim
serveix serviu
serveixi serveixin

Formes no personals

Infinitiu

servir
Perfet: haver servit

Gerundi

servint
Perfet: havent servit

Participi

servit
servida
servits
servides

Formes personals

INDICATIU

Present

sofreixo
sofreixes
sofreix
sofrim
sofriu
sofreixen

Perfet

he	sofert
has	sofert
ha	sofert
hem	sofert
heu	sofert
han	sofert

Imperfet

sofria
sofries
sofria
sofríem
sofríeu
sofrien

Plusquamperfet

havia	sofert
havies	sofert
havia	sofert
havíem	sofert
havíeu	sofert
havien	sofert

Passat simple

sofrí
sofrires
sofrí
sofrírem
sofríreu
sofriren

Passat anterior

haguí	sofert
hagueres	sofert
hagué	sofert
haguérem	sofert
haguéreu	sofert
hagueren	sofert

Passat perifràstic

vaig	sofrir
vas (vares)	sofrir
va	sofrir
vam (vàrem)	sofrir
vau (vàreu)	sofrir
van (varen)	sofrir

Passat anterior perifràstic

vaig haver	sofert
vas (vares) haver	sofert
va haver	sofert
vam (vàrem) haver	sofert
vau (vàreu) haver	sofert
van (varen) haver	sofert

Futur

sofriré
sofriràs
sofrirà
sofrirem
sofrireu
sofriran

Futur perfet

hauré	sofert
hauràs	sofert
haurà	sofert
haurem	sofert
haureu	sofert
hauran	sofert

Condicional

sofriria
sofriries
sofriria
sofriríem
sofriríeu
sofririen

Condicional perfet

hauria (haguera)	sofert
hauries (hagueres)	sofert
hauria (haguera)	sofert
hauríem (haguérem)	sofert
hauríeu (haguéreu)	sofert
haurien (hagueren)	sofert

SUBJUNTIU

Present

sofreixi
sofreixis
sofreixi
sofrim
sofriu
sofreixin

Perfet

hagi	sofert
hagis	sofert
hagi	sofert
hàgim	sofert
hàgiu	sofert
hagin	sofert

Imperfet

sofrís
sofrissis
sofrís
sofríssim
sofríssiu
sofrissin

Plusquamperfet

hagués	sofert
haguessis	sofert
hagués	sofert
haguéssim	sofert
haguéssiu	sofert
haguessin	sofert

IMPERATIU

—	sofrim
sofreix	sofriu
sofreixi	sofreixin

Formes no personals

Infinitiu

sofrir
Perfet: haver sofert

Gerundi

sofrint
Perfet: havent sofert

Participi

sofert
soferta
soferts
sofertes
(*o* sofrit sofrida
sofrits sofrides)

Formes personals

■ INDICATIU

Present		Perfet	
solc		he	solgut
sols		has	solgut
sol		ha	solgut
solem		hem	solgut
soleu		heu	solgut
solen		han	solgut

Imperfet		Plusquamperfet	
solia		havia	solgut
solies		havies	solgut
solia		havia	solgut
solíem		havíem	solgut
solíeu		havíeu	solgut
solien		havien	solgut

Passat simple		Passat anterior	
solguí		haguí	solgut
solgueres		hagueres	solgut
solgué		hagué	solgut
solguérem		haguérem	solgut
solguéreu		haguéreu	solgut
solgueren		hagueren	solgut

Passat perifràstic		Passat anterior perifràstic	
vaig	soler	vaig haver	solgut
vas (vares)	soler	vas (vares) haver	solgut
va	soler	va haver	solgut
vam (vàrem)	soler	vam (vàrem) haver	solgut
vau (vàreu)	soler	vau (vàreu) haver	solgut
van (varen)	soler	van (varen) haver	solgut

Futur		Futur perfet	
soldré		hauré	solgut
soldràs		hauràs	solgut
soldrà		haurà	solgut
soldrem		haurem	solgut
soldreu		haureu	solgut
soldran		hauran	solgut

Condicional

soldria
soldries
soldria
soldríem
soldríeu
soldrien

Condicional perfet

hauria (haguera) solgut
hauries (hagueres) solgut
hauria (haguera) solgut
hauríem (haguérem) solgut
hauríeu (haguéreu) solgut
haurien (hagueren) solgut

SUBJUNTIU

Present

solgui
solguis
solgui
solguem
solgueu
solguin

Perfet

hagi solgut
hagis solgut
hagi solgut
hàgim solgut
hàgiu solgut
hagin solgut

Imperfet

solgués
solguessis
solgués
solguéssim
solguéssiu
solguessin

Plusquamperfet

hagués solgut
haguessis solgut
hagués solgut
haguéssim solgut
haguéssiu solgut
haguessin solgut

IMPERATIU

— solguem
sol soleu
solgui solguin

Formes no personals

Infinitiu

soler
Perfet: haver solgut

Gerundi

solent
Perfet: havent solgut

Participi

solgut
solguda
solguts
solgudes

Formes personals

INDICATIU

Present
supleixo	
supleixes	
supleix	
suplim	
supliu	
supleixen	

Perfet
he	suplert
has	suplert
ha	suplert
hem	suplert
heu	suplert
han	suplert

Imperfet
suplia	
suplies	
suplia	
suplíem	
suplíeu	
suplien	

Plusquamperfet
havia	suplert
havies	suplert
havia	suplert
havíem	suplert
havíeu	suplert
havien	suplert

Passat simple
suplí	
suplires	
suplí	
suplírem	
suplíreu	
supliren	

Passat anterior
haguí	suplert
hagueres	suplert
hagué	suplert
haguérem	suplert
haguéreu	suplert
hagueren	suplert

Passat perifràstic
vaig	suplir
vas (vares)	suplir
va	suplir
vam (vàrem)	suplir
vau (vàreu)	suplir
van (varen)	suplir

Passat anterior perifràstic
vaig haver		suplert
vas (vares) haver		suplert
va haver		suplert
vam (vàrem) haver		suplert
vau (vàreu) haver		suplert
van (varen) haver		suplert

Futur
supliré	
supliràs	
suplirà	
suplirem	
suplireu	
supliran	

Futur perfet
hauré	suplert
hauràs	suplert
haurà	suplert
haurem	suplert
haureu	suplert
hauran	suplert

Condicional
supliria
supliries
supliria
supliríem
supliríeu
suplirien

Condicional perfet
hauria (haguera)	suplert
hauries (hagueres)	suplert
hauria (haguera)	suplert
hauríem (haguérem)	suplert
hauríeu (haguéreu)	suplert
haurien (hagueren)	suplert

SUBJUNTIU

Present
supleixi
supleixis
supleixi
suplim
supliu
supleixin

Perfet
hagi	suplert
hagis	suplert
hagi	suplert
hàgim	suplert
hàgiu	suplert
hagin	suplert

Imperfet
suplís
suplíssis
suplís
suplíssim
suplíssiu
suplissin

Plusquamperfet
hagués	suplert
haguessis	suplert
hagués	suplert
haguéssim	suplert
haguéssiu	suplert
haguessin	suplert

IMPERATIU

—	suplim
supleix	supliu
supleixi	supleixin

Formes no personals

Infinitiu
suplir
Perfet: haver suplert

Gerundi
suplint
Perfet: havent suplert

Participi
suplert
suplerta
suplerts
suplertes
(o suplit suplida
suplits suplides)

Formes personals

INDICATIU

Present
temo
tems
tem
temem
temeu
temen

Perfet
he temut
has temut
ha temut
hem temut
heu temut
han temut

Imperfet
temia
temies
temia
temíem
temíeu
temien

Plusquamperfet
havia temut
havies temut
havia temut
havíem temut
havíeu temut
havien temut

Passat simple
temí
temeres
temé
temérem
teméreu
temeren

Passat anterior
haguí temut
hagueres temut
hagué temut
haguérem temut
haguéreu temut
hagueren temut

Passat perifràstic
vaig témer
vas (vares) témer
va témer
vam (vàrem) témer
vau (vàreu) témer
van (varen) témer

Passat anterior perifràstic
vaig haver temut
vas (vares) haver temut
va haver temut
vam (vàrem) haver temut
vau (vàreu) haver temut
van (varen) haver temut

Futur
temeré
temeràs
temerà
temerem
temereu
temeran

Futur perfet
hauré temut
hauràs temut
haurà temut
haurem temut
haureu temut
hauran temut

Condicional

temeria
temeries
temeria
temeríem
temeríeu
temerien

Condicional perfet

hauria (haguera) temut
hauries (hagueres) temut
hauria (haguera) temut
hauríem (haguérem) temut
hauríeu (haguéreu) temut
haurien (hagueren) temut

SUBJUNTIU

Present

temi
temis
temi
temem
temeu
temin

Perfet

hagi temut
hagis temut
hagi temut
hàgim temut
hàgiu temut
hagin temut

Imperfet

temés
temessis
temés
teméssim
teméssiu
temessin

Plusquamperfet

hagués temut
haguessis temut
hagués temut
haguéssim temut
haguéssiu temut
haguessin temut

IMPERATIU

—   temem
tem   temeu
temi   temin

Formes no personals

Infinitiu

témer
Perfet: haver temut

Gerundi

tement
Perfet: havent temut

Participi

temut
temuda
temuts
temudes

Formes personals

■ INDICATIU

Present	Perfet	
tinc	he	tingut
tens	has	tingut
té	ha	tingut
tenim	hem	tingut
teniu	heu	tingut
tenen	han	tingut

Imperfet	Plusquamperfet	
tenia	havia	tingut
tenies	havies	tingut
tenia	havia	tingut
teníem	havíem	tingut
teníeu	havíeu	tingut
tenien	havien	tingut

Passat simple	Passat anterior	
tinguí	haguí	tingut
tingueres	hagueres	tingut
tingué	hagué	tingut
tinguérem	haguérem	tingut
tinguéreu	haguéreu	tingut
tingueren	hagueren	tingut

Passat perifràstic		Passat anterior perifràstic	
vaig	tenir	vaig haver	tingut
vas (vares)	tenir	vas (vares) haver	tingut
va	tenir	va haver	tingut
vam (vàrem)	tenir	vam (vàrem) haver	tingut
vau (vàreu)	tenir	vau (vàreu) haver	tingut
van (varen)	tenir	van (varen) haver	tingut

Futur	Futur perfet	
tindré	hauré	tingut
tindràs	hauràs	tingut
tindrà	haurà	tingut
tindrem	haurem	tingut
tindreu	haureu	tingut
tindran	hauran	tingut

Condicional

tindria
tindries
tindria
tindríem
tindríeu
tindrien

Condicional perfet

hauria (haguera)	tingut
hauries (hagueres)	tingut
hauria (haguera)	tingut
hauríem (haguérem)	tingut
hauríeu (haguéreu)	tingut
haurien (hagueren)	tingut

SUBJUNTIU

Present

tingui
tinguis
tingui
tinguem
tingueu
tinguin

Perfet

hagi	tingut
hagis	tingut
hagi	tingut
hàgim	tingut
hàgiu	tingut
hagin	tingut

Imperfet

tingués
tinguessis
tingués
tinguéssim
tinguéssiu
tinguessin

Plusquamperfet

hagués	tingut
haguessis	tingut
hagués	tingut
haguéssim	tingut
haguéssiu	tingut
haguessin	tingut

IMPERATIU

—	tinguem
té (o ten o tingues)	teniu (o tingueu)
tingui	tinguin

Formes no personals

Infinitiu

tenir
Perfet: haver tingut

Gerundi

tenint
Perfet: havent tingut

Participi

tingut
tinguda
tinguts
tingudes

Formes personals

INDICATIU

Present

torço
torces
torça
torcem
torceu
torcen

Perfet

he	torçat
has	torçat
ha	torçat
hem	torçat
heu	torçat
han	torçat

Imperfet

torçava
torçaves
torçava
torçàvem
torçàveu
torçaven

Plusquamperfet

havia	torçat
havies	torçat
havia	torçat
havíem	torçat
havíeu	torçat
havien	torçat

Passat simple

torcí
torçares
torçà
torçàrem
torçàreu
torçaren

Passat anterior

haguí	torçat
hagueres	torçat
hagué	torçat
haguérem	torçat
haguéreu	torçat
hagueren	torçat

Passat perifràstic

vaig	torçar
vas (vares)	torçar
va	torçar
vam (vàrem)	torçar
vau (vàreu)	torçar
van (varen)	torçar

Passat anterior perifràstic

vaig haver	torçat
vas (vares) haver	torçat
va haver	torçat
vam (vàrem) haver	torçat
vau (vàreu) haver	torçat
van (varen) haver	torçat

Futur

torçaré
torçaràs
torçarà
torçarem
torçareu
torçaran

Futur perfet

hauré	torçat
hauràs	torçat
haurà	torçat
haurem	torçat
haureu	torçat
hauran	torçat

Condicional

torçaria
torçaries
torçaria
torçaríem
torçaríeu
torçarien

Condicional perfet

hauria (haguera) torçat
hauries (hagueres) torçat
hauria (haguera) torçat
hauríem (haguérem) torçat
hauríeu (haguéreu) torçat
haurien (hagueren) torçat

SUBJUNTIU

Present

torci
torcis
torci
torcem
torceu
torcin

Perfet

hagi torçat
hagis torçat
hagi torçat
hàgim torçat
hàgiu torçat
hagin torçat

Imperfet

torcés
torcessis
torcés
torcéssim
torcéssiu
torcessin

Plusquamperfet

hagués torçat
haguessis torçat
hagués torçat
haguéssim torçat
haguéssiu torçat
haguessin torçat

IMPERATIU

—   torcem
torça   torceu
torci   torcin

Formes no personals

Infinitiu

torçar
Perfet: haver torçat

Gerundi

torçant
Perfet: havent torçat

Participi

torçat
torçada
torçats
torçades
(*o* tort torta
torts tortes)

Formes personals

■ INDICATIU

Present		Perfet	
trac		he	tret
traus		has	tret
trau		ha	tret
traiem		hem	tret
traieu		heu	tret
trauen		han	tret

Imperfet		Plusquamperfet	
treia		havia	tret
treies		havies	tret
treia		havia	tret
trèiem		havíem	tret
trèieu		havíeu	tret
treien		havien	tret

Passat simple		Passat anterior	
traguí		haguí	tret
tragueres		hagueres	tret
tragué		hagué	tret
traguérem		haguérem	tret
traguéreu		haguéreu	tret
tragueren		hagueren	tret

Passat perifràstic		Passat anterior perifràstic	
vaig	traure	vaig haver	tret
vas (vares)	traure	vas (vares) haver	tret
va	traure	va haver	tret
vam (vàrem)	traure	vam (vàrem) haver	tret
vau (vàreu)	traure	vau (vàreu) haver	tret
van (varen)	traure	van (varen) haver	tret

Futur		Futur perfet	
trauré		hauré	tret
trauràs		hauràs	tret
traurà		haurà	tret
traurem		haurem	tret
traureu		haureu	tret
trauran		hauran	tret

Condicional
  trauria
  trauries
  trauria
  trauríem
  trauríeu
  traurien

Condicional perfet
  hauria (haguera) tret
  hauries (hagueres) tret
  hauria (haguera) tret
  hauríem (haguérem) tret
  hauríeu (haguéreu) tret
  haurien (hagueren) tret

SUBJUNTIU

Present
  tragui
  traguis
  tragui
  traguem
  tragueu
  traguin

Perfet
  hagi tret
  hagis tret
  hagi tret
  hàgim tret
  hàgiu tret
  hagin tret

Imperfet
  tragués
  traguessis
  tragués
  traguéssim
  traguéssiu
  traguessin

Plusquamperfet
  hagués tret
  haguessis tret
  hagués tret
  haguéssim tret
  haguéssiu tret
  haguessin tret

IMPERATIU

  —   traguem
  trau   traieu
  tragui   traguin

Formes no personals

Infinitiu
  traure
  Perfet: haver tret

Gerundi
  traient
  Perfet: havent tret

Participi
  tret
  treta
  trets
  tretes

INDICATIU

Present

trenco
trenques
trenca
trenquem
trenqueu
trenquen

Perfet

he   trencat
has   trencat
ha   trencat
hem   trencat
heu   trencat
han   trencat

Imperfet

trencava
trencaves
trencava
trencàvem
trencàveu
trencaven

Plusquamperfet

havia   trencat
havies   trencat
havia   trencat
havíem   trencat
havíeu   trencat
havien   trencat

Passat simple

trenquí
trencares
trencà
trencàrem
trencàreu
trencaren

Passat anterior

haguí   trencat
hagueres   trencat
hagué   trencat
haguérem   trencat
haguéreu   trencat
hagueren   trencat

Passat perifràstic

vaig   trencar
vas (vares)   trencar
va   trencar
vam (vàrem)   trencar
vau (vàreu)   trencar
van (varen)   trencar

Passat anterior perifràstic

vaig haver   trencat
vas (vares) haver   trencat
va haver   trencat
vam (vàrem) haver   trencat
vau (vàreu) haver   trencat
van (varen) haver   trencat

Futur

trencaré
trencaràs
trencarà
trencarem
trencareu
trencaran

Futur perfet

hauré   trencat
hauràs   trencat
haurà   trencat
haurem   trencat
haureu   trencat
hauran   trencat

Condicional

trencaria
trencaries
trencaria
trencaríem
trencaríeu
trencarien

Condicional perfet

hauria (haguera) trencat
hauries (hagueres) trencat
hauria (haguera) trencat
hauríem (haguérem) trencat
hauríeu (haguéreu) trencat
haurien (hagueren) trencat

SUBJUNTIU

Present

trenqui
trenquis
trenqui
trenquem
trenqueu
trenquin

Perfet

hagi trencat
hagis trencat
hagi trencat
hàgim trencat
hàgiu trencat
hagin trencat

Imperfet

trenqués
trenquessis
trenqués
trenquéssim
trenquéssiu
trenquessin

Plusquamperfet

hagués trencat
haguessis trencat
hagués trencat
haguéssim trencat
haguéssiu trencat
haguessin trencat

IMPERATIU

—	trenquem
trenca	trenqueu
trenqui	trenquin

Formes no personals

Infinitiu

trencar
Perfet: haver trencat

Gerundi

trencant
Perfet: havent trencat

Participi

trencat
trencada
trencats
trencades

Formes personals

INDICATIU

Present		Perfet	
trec		he	tret
treus		has	tret
treu		ha	tret
traiem		hem	tret
traieu		heu	tret
treuen		han	tret

Imperfet		Plusquamperfet	
treia		havia	tret
treies		havies	tret
treia		havia	tret
trèiem		havíem	tret
trèieu		havíeu	tret
treien		havien	tret

Passat simple		Passat anterior	
traguí		haguí	tret
tragueres		hagueres	tret
tragué		hagué	tret
traguérem		haguérem	tret
traguéreu		haguéreu	tret
tragueren		hagueren	tret

Passat perifràstic		Passat anterior perifràstic		
vaig	treure	vaig haver		tret
vas (vares)	treure	vas (vares) haver		tret
va	treure	va haver		tret
vam (vàrem)	treure	vam (vàrem) haver		tret
vau (vàreu)	treure	vau (vàreu) haver		tret
van (varen)	treure	van (varen) haver		tret

Futur		Futur perfet	
trauré		hauré	tret
trauràs		hauràs	tret
traurà		haurà	tret
traurem		haurem	tret
traureu		haureu	tret
trauran		hauran	tret

Condicional
trauria
trauries
trauria
trauríem
trauríeu
traurien

Condicional perfet
hauria (haguera)	tret
hauries (hagueres)	tret
hauria (haguera)	tret
hauríem (haguérem)	tret
hauríeu (haguéreu)	tret
haurien (hagueren)	tret

SUBJUNTIU

Present
tregui
treguis
tregui
traguem
tragueu
treguin

Perfet
hagi	tret
hagis	tret
hagi	tret
hàgim	tret
hàgiu	tret
hagin	tret

Imperfet
tragués
traguessis
tragués
traguéssim
traguéssiu
traguessin

Plusquamperfet
hagués	tret
haguessis	tret
hagués	tret
haguéssim	tret
haguéssiu	tret
haguessin	tret

IMPERATIU
—	traguem
treu	traieu
tregui	treguin

Formes no personals

Infinitiu
treure
Perfet: haver tret

Gerundi
traient
Perfet: havent tret

Participi
tret
treta
trets
tretes

Formes personals

INDICATIU

Present

valc
vals
val
valem
valeu
valen

Perfet

he	valgut
has	valgut
ha	valgut
hem	valgut
heu	valgut
han	valgut

Imperfet

valia
valies
valia
valíem
valíeu
valien

Plusquamperfet

havia	valgut
havies	valgut
havia	valgut
havíem	valgut
havíeu	valgut
havien	valgut

Passat simple

valguí
valgueres
valgué
valguérem
valguéreu
valgueren

Passat anterior

haguí	valgut
hagueres	valgut
hagué	valgut
haguérem	valgut
haguéreu	valgut
hagueren	valgut

Passat perifràstic

vaig	valer
vas (vares)	valer
va	valer
vam (vàrem)	valer
vau (vàreu)	valer
van (varen)	valer

Passat anterior perifràstic

vaig haver	valgut
vas (vares) haver	valgut
va haver	valgut
vam (vàrem) haver	valgut
vau (vàreu) haver	valgut
van (varen) haver	valgut

Futur

valdré
valdràs
valdrà
valdrem
valdreu
valdran

Futur perfet

hauré	valgut
hauràs	valgut
haurà	valgut
haurem	valgut
haureu	valgut
hauran	valgut

Condicional

valdria
valdries
valdria
valdríem
valdríeu
valdrien

Condicional perfet

hauria (haguera) valgut
hauries (hagueres) valgut
hauria (haguera) valgut
hauríem (haguérem) valgut
hauríeu (haguéreu) valgut
haurien (hagueren) valgut

SUBJUNTIU

Present

valgui
valguis
valgui
valguem
valgueu
valguin

Perfet

hagi valgut
hagis valgut
hagi valgut
hàgim valgut
hàgiu valgut
hagin valgut

Imperfet

valgués
valguessis
valgués
valguéssim
valguéssiu
valguessin

Plusquamperfet

hagués valgut
haguessis valgut
hagués valgut
haguéssim valgut
haguéssiu valgut
haguessin valgut

IMPERATIU

—   valguem
val   valeu
valgui   valguin

Formes no personals

Infinitiu

valer
Perfet: haver valgut

Gerundi

valent
Perfet: havent valgut

Participi

valgut
valguda
valguts
valgudes

Formes personals

INDICATIU

Present

venço
vences
venç
vencem
venceu
vencen

Perfet

he   vençut
has   vençut
ha   vençut
hem   vençut
heu   vençut
han   vençut

Imperfet

vencia
vencies
vencia
vencíem
vencíeu
vencien

Plusquamperfet

havia   vençut
havies   vençut
havia   vençut
havíem   vençut
havíeu   vençut
havien   vençut

Passat simple

vencí
venceres
vencé
vencérem
vencéreu
venceren

Passat anterior

haguí   vençut
hagueres vençut
hagué   vençut
haguérem vençut
haguéreu vençut
hagueren vençut

Passat perifràstic

vaig   vèncer
vas (vares)   vèncer
va   vèncer
vam (vàrem)   vèncer
vau (vàreu)   vèncer
van (varen)   vèncer

Passat anterior perifràstic

vaig haver   vençut
vas (vares) haver   vençut
va haver   vençut
vam (vàrem) haver   vençut
vau (vàreu) haver   vençut
van (varen) haver   vençut

Futur

venceré
venceràs
vencerà
vencerem
vencereu
venceran

Futur perfet

hauré   vençut
hauràs   vençut
haurà   vençut
haurem   vençut
haureu   vençut
hauran   vençut

Condicional

venceria
venceries
venceria
venceríem
venceríeu
vencerien

Condicional perfet

hauria (haguera)	vençut
hauries (hagueres)	vençut
hauria (haguera)	vençut
hauríem (haguérem)	vençut
hauríeu (haguéreu)	vençut
haurien (hagueren)	vençut

SUBJUNTIU

Present

venci
vencis
venci
vencem
venceu
vencin

Perfet

hagi	vençut
hagis	vençut
hagi	vençut
hàgim	vençut
hàgiu	vençut
hagin	vençut

Imperfet

vencés
vencessis
vencés
vencéssim
vencéssiu
vencessin

Plusquamperfet

hagués	vençut
haguessis	vençut
hagués	vençut
haguéssim	vençut
haguéssiu	vençut
haguessin	vençut

IMPERATIU

—	vencem
venç	venceu
venci	vencin

Formes no personals

Infinitiu

vèncer
Perfet: haver vençut

Gerundi

vencent
Perfet: havent vençut

Participi

vençut
vençuda
vençuts
vençudes

Formes personals

INDICATIU

Present	*Perfet*	
venc	he	venut
vens	has	venut
ven	ha	venut
venem	hem	venut
veneu	heu	venut
venen	han	venut

Imperfet	*Plusquamperfet*	
venia	havia	venut
venies	havies	venut
venia	havia	venut
veníem	havíem	venut
veníeu	havíeu	venut
venien	havien	venut

Passat simple	*Passat anterior*	
venguí	haguí	venut
vengueres	hagueres	venut
vengué	hagué	venut
venguérem	haguérem	venut
venguéreu	haguéreu	venut
vengueren	hagueren	venut

Passat perifràstic		*Passat anterior perifràstic*	
vaig	vendre	vaig haver	venut
vas (vares)	vendre	vas (vares) haver	venut
va	vendre	va haver	venut
vam (vàrem)	vendre	vam (vàrem) haver	venut
vau (vàreu)	vendre	vau (vàreu) haver	venut
van (varen)	vendre	van (varen) haver	venut

Futur	*Futur perfet*	
vendré	hauré	venut
vendràs	hauràs	venut
vendrà	haurà	venut
vendrem	haurem	venut
vendreu	haureu	venut
vendran	hauran	venut

Condicional
vendria
vendries
vendria
vendríem
vendríeu
vendrien

Condicional perfet
hauria (haguera)   venut
hauries (hagueres)   venut
hauria (haguera)   venut
hauríem (haguérem)   venut
hauríeu (haguéreu)   venut
haurien (hagueren)   venut

SUBJUNTIU

Present
vengui
venguis
vengui
venguem
vengueu
venguin

Perfet
hagi   venut
hagis   venut
hagi   venut
hàgim   venut
hàgiu   venut
hagin   venut

Imperfet
vengués
venguessis
vengués
venguéssim
venguéssiu
venguessin

Plusquamperfet
hagués   venut
haguessis   venut
hagués   venut
haguéssim   venut
haguéssiu   venut
haguessin   venut

IMPERATIU

—   venguem
ven   veneu
vengui   venguin

Formes no personals

Infinitiu
vendre
Perfet: haver venut

Gerundi
venent
Perfet: havent venut

Participi
venut
venuda
venuts
venudes

Formes personals

■ INDICATIU

Present

vinc
véns
ve
venim
veniu
vénen

Perfet

he	vingut
has	vingut
ha	vingut
hem	vingut
heu	vingut
han	vingut

Imperfet

venia
venies
venia
veníem
veníeu
venien

Plusquamperfet

havia	vingut
havies	vingut
havia	vingut
havíem	vingut
havíeu	vingut
havien	vingut

Passat simple

vinguí
vingueres
vingué
vinguérem
vinguéreu
vingueren

Passat anterior

haguí	vingut
hagueres	vingut
hagué	vingut
haguérem	vingut
haguéreu	vingut
hagueren	vingut

Passat perifràstic

vaig	venir
vas (vares)	venir
va	venir
vam (vàrem)	venir
vau (vàreu)	venir
van (varen)	venir

Passat anterior perifràstic

vaig haver	vingut
vas (vares) haver	vingut
va haver	vingut
vam (vàrem) haver	vingut
vau (vàreu) haver	vingut
van (varen) haver	vingut

Futur

vindré
vindràs
vindrà
vindrem
vindreu
vindran

Futur perfet

hauré	vingut
hauràs	vingut
haurà	vingut
haurem	vingut
haureu	vingut
hauran	vingut

Condicional
vindria
vindries
vindria
vindríem
vindríeu
vindrien

Condicional perfet
hauria (haguera) vingut
hauries (hagueres) vingut
hauria (haguera) vingut
hauríem (haguérem) vingut
hauríeu (haguéreu) vingut
haurien (hagueren) vingut

SUBJUNTIU

Present
vingui
vinguis
vingui
vinguem
vingueu
vinguin

Perfet
hagi vingut
hagis vingut
hagi vingut
hàgim vingut
hàgiu vingut
hagin vingut

Imperfet
vingués
vinguessis
vingués
vinguéssim
vinguéssiu
vinguessin

Plusquamperfet
hagués vingut
haguessis vingut
hagués vingut
haguéssim vingut
haguéssiu vingut
haguessin vingut

IMPERATIU

—   vinguem
vine   veniu
vingui   vinguin

Formes no personals

Infinitiu
venir
Perfet: haver vingut

Participi
vingut
vinguda
vinguts
vingudes

Gerundi
venint
Perfet: havent vingut

Formes personals

■ INDICATIU

Present

veig	
veus	
veu	
veiem	
veieu	
veuen	

Perfet

he	vist
has	vist
ha	vist
hem	vist
heu	vist
han	vist

Imperfet

veia	
veies	
veia	
vèiem	
vèieu	
veien	

Plusquamperfet

havia	vist
havies	vist
havia	vist
havíem	vist
havíeu	vist
havien	vist

Passat simple

viu	
veieres (o veres)	
veié (o véu)	
veiérem (o vérem)	
veiéreu (o véreu)	
veieren (o veren)	

Passat anterior

haguí	vist
hagueres	vist
hagué	vist
haguérem	vist
haguéreu	vist
hagueren	vist

Passat perifràstic

vaig	veure
vas (vares)	veure
va	veure
vam (vàrem)	veure
vau (vàreu)	veure
van (varen)	veure

Passat anterior perifràstic

vaig haver	vist
vas (vares) haver	vist
va haver	vist
vam (vàrem) haver	vist
vau (vàreu) haver	vist
van (varen) haver	vist

Futur

veuré	
veuràs	
veurà	
veurem	
veureu	
veuran	

Futur perfet

hauré	vist
hauràs	vist
haurà	vist
haurem	vist
haureu	vist
hauran	vist

Condicional
veuria
veuries
veuria
veuríem
veuríeu
veurien

Condicional perfet
hauria (haguera) vist
hauries (hagueres) vist
hauria (haguera) vist
hauríem (haguérem) vist
hauríeu (haguéreu) vist
haurien (hagueren) vist

SUBJUNTIU

Present
vegi
vegis
vegi
vegem
vegeu
vegin

Perfet
hagi vist
hagis vist
hagi vist
hàgim vist
hàgiu vist
hagin vist

Imperfet
veiés
veiessis
veiés
veiéssim
veiéssiu
veiessin

Plusquamperfet
hagués vist
haguessis vist
hagués vist
haguéssim vist
haguéssiu vist
haguessin vist

IMPERATIU

—
veges (*o* ves)
vegi

vegem
vegeu (*o* veieu)
vegin

Formes no personals

Infinitiu
veure
Perfet: haver vist

Gerundi
veient
Perfet: havent vist

Participi
vist
vista
vists (vistos)
vistes

Formes personals

INDICATIU

Present

visc	
vius	
viu	
vivim	
viviu	
viuen	

Perfet

he	viscut
has	viscut
ha	viscut
hem	viscut
heu	viscut
han	viscut

Imperfet

vivia	
vivies	
vivia	
vivíem	
vivíeu	
vivien	

Plusquamperfet

havia	viscut
havies	viscut
havia	viscut
havíem	viscut
havíeu	viscut
havien	viscut

Passat simple

visquí	
visqueres	
visqué	
visquérem	
visquéreu	
visqueren	

Passat anterior

haguí	viscut
hagueres	viscut
hagué	viscut
haguérem	viscut
haguéreu	viscut
hagueren	viscut

Passat perifràstic

vaig	viure
vas (vares)	viure
va	viure
vam (vàrem)	viure
vau (vàreu)	viure
van (varen)	viure

Passat anterior perifràstic

vaig haver	viscut
vas (vares) haver	viscut
va haver	viscut
vam (vàrem) haver	viscut
vau (vàreu) haver	viscut
van (varen) haver	viscut

Futur

viuré	
viuràs	
viurà	
viurem	
viureu	
viuran	

Futur perfet

hauré	viscut
hauràs	viscut
haurà	viscut
haurem	viscut
haureu	viscut
hauran	viscut

Condicional

viuria
viuries
viuria
viuríem
viuríeu
viurien

Condicional perfet

hauria (haguera) viscut
hauries (hagueres) viscut
hauria (haguera) viscut
hauríem (haguérem) viscut
hauríeu (haguéreu) viscut
haurien (hagueren) viscut

SUBJUNTIU

Present

visqui
visquis
visqui
visquem
visqueu
visquin

Perfet

hagi viscut
hagis viscut
hagi viscut
hàgim viscut
hàgiu viscut
hagin viscut

Imperfet

visqués
visquessis
visqués
visquéssim
visquéssiu
visquessin

Plusquamperfet

hagués viscut
haguessis viscut
hagués viscut
haguéssim viscut
haguéssiu viscut
haguessin viscut

IMPERATIU

—	visquem
viu	viviu
visqui	visquin

Formes no personals

Infinitiu

viure
Perfet: haver viscut

Gerundi

vivint
Perfet: havent viscut

Participi

viscut
viscuda
viscuts
viscudes

Formes personals

INDICATIU

Present		Perfet	
vull		he	volgut
vols		has	volgut
vol		ha	volgut
volem		hem	volgut
voleu		heu	volgut
volen		han	volgut

Imperfet		Plusquamperfet	
volia		havia	volgut
volies		havies	volgut
volia		havia	volgut
volíem		havíem	volgut
volíeu		havíeu	volgut
volien		havien	volgut

Passat simple		Passat anterior	
volguí		haguí	volgut
volgueres		hagueres	volgut
volgué		hagué	volgut
volguérem		haguérem	volgut
volguéreu		haguéreu	volgut
volgueren		hagueren	volgut

Passat perifràstic		Passat anterior perifràstic	
vaig	voler	vaig haver	volgut
vas (vares)	voler	vas (vares) haver	volgut
va	voler	va haver	volgut
vam (vàrem)	voler	vam (vàrem) haver	volgut
vau (vàreu)	voler	vau (vàreu) haver	volgut
van (varen)	voler	van (varen) haver	volgut

Futur		Futur perfet	
voldré		hauré	volgut
voldràs		hauràs	volgut
voldrà		haurà	volgut
voldrem		haurem	volgut
voldreu		haureu	volgut
voldran		hauran	volgut

Condicional
voldria
voldries
voldria
voldríem
voldríeu
voldrien

Condicional perfet
hauria (haguera)   volgut
hauries (hagueres) volgut
hauria (haguera)   volgut
hauríem (haguérem) volgut
hauríeu (haguéreu) volgut
haurien (hagueren) volgut

SUBJUNTIU

Present
vulgui
vulguis
vulgui
vulguem
vulgueu
vulguin

Perfet
hagi   volgut
hagis   volgut
hagi   volgut
hàgim   volgut
hàgiu   volgut
hagin   volgut

Imperfet
volgués
volguessis
volgués
volguéssim
volguéssiu
volguessin

Plusquamperfet
hagués   volgut
haguessis volgut
hagués   volgut
haguéssim volgut
haguéssiu volgut
haguessin volgut

IMPERATIU

—   vulguem
vulgues   vulgueu
vulgui   vulguin

Formes no personals

Infinitiu
voler
Perfet: haver volgut

Gerundi
volent
Perfet: havent volgut

Participi
volgut
volguda
volguts
volgudes

Índex

atiplar 17
atirantar 17
atiranyar 17
atirar 17
atomitzar 17
atonir 104
atonyar 17
atonyinar 17
atordir 104
atorgar 91
atorrentar-se 17
atorrollar 17
atracallar 17
atracar 112
atraçar 24
atrafegar-se 91
atrapar 17
atraure 111
atresorar 17
atreure 113
atrevir-se 104
atribolar 17
atribuir 97
atributar 17
atrinxerar 17
atrofiar 18
atropar 17
atropellar 17
atrossar 17
atrotinar 17
atuir 97
atupar 17
aturar 17
atxul·lar 17
atzufar 17
aücar 112
auditar 17
augmentar 17
augurar 17
aüixar 17
aureolar 17
aurificar 112
aürtar 17
auscultar 17

autenticar 112
autentificar 112

autocompadir-se 104
autodestruir-se 97
autofinançar 24
autogestionar 17
autografiar 18
automatitzar 17
autoritzar 17
auxiliar 18
avalar 17
avalotar 17
avaluar 58
avançar 24
avantatjar 53
avarar 17
avariar 18
aveïnar 17
avençar 24
avencar-se 112
avenir 93
aventurar 17
averar 17
averganyar 17
avergonyir 104
averrir 104
avesar 17
aviar 18
aviciar 18
avidar 17
avidolar-se 17
avilar 17
avinagrar 17
avinar 17
avinençar-se 24
avisar 17
avituallar 17
avivar 17
avocar 112
avorrir 104
avortar 17
avortir 104
axiomatitzar 17
azotitzar 17

bacivar 17
badallar 17
badar 17

badocar 112
badoquejar 53
bafanejar 53
bagassejar 53
bagolar 17
bagotar 17
baixar 17
baixejar 53
baladrejar 53
balafiar 18
balançar 24
balancejar 53
balandrejar 53
balbar-se 17
balbejar 53
balbotejar 53
balbucejar 53
balbucitar 17
balcanitzar 17
balcar 112
balcar-se 112
baldar 17
balderejar 53
balejar 53
balir-se 104
ballar 17
ballotejar 53
balmar-se 17
banalitzar 17
bancalejar 53
bancar 112
bandejar 53
banderejar 53
bandir 104
bandolejar 53
banquetejar 53
banyar 17
banyarriquerar 17
banyegar 91
baquetejar 53
barallar 17
baratar 17
barbar 17
barbarejar 53
barbaritzar 17
barbejar 53

borlar 17
bornar 17
bornejar 53
borrasquejar 53
borratxejar 53
borrejar 53
borrimejar 53
borronar 17
borrufar 17
borrufejar 53
boscar 112
bossellar 17
botafionar 17
botar 17
botejar 53
botinflar-se 17
botir 104
botonar 17
botre 87
botxinejar 53
botzinar 17
botzinejar 53
bouejar 53
bovejar 53
boxar 17
boxejar 53
bracejar 53
bramar 17
bramular 17
brancar 112
brandar 17
brandejar 53
brandir 104
branquejar 53
bransolejar 53
braolar 17
brasejar 53
bravatejar 53
bravejar 53
bregar 91
breguejar 53
brellar 17
brescar 112
bressar 17
bressolar 17
bretxificar 112

brillar 17
brindar 17
brisar 17
brivar 17
brocar 112
brodar 17
brogir 104
brollar 17
bromar 17
bromar-se 17
bromejar 53
bromerejar 53
bronquinejar 53
bronzar 17
bronzejar 53
brossar 17
brostar 17
brostejar 53
brotar 17
brotonar 17
brotxar 17
bruelar 17
brufar 17
brufolar 17
brugolar 17
bruixar 17
brullar 17
brumir 46 o 104
brunyir 104
brunzinar 17
brunzir 72
brusir 104
brusquejar 53
brusquinejar 53
brutejar 53
buclejar 53
bufallejar 53
bufar 17
bufegar 91
bufetejar 53
bufonejar 53
bugadejar 53
bugonar 17
buidar 17
buixardar 17
buixir 104

bullir 14
burinar 17
burjar 53
burlar-se 17
burocratitzar 17
burxar 17
burxinar 17
buscallar 17
buscar 112
bussejar 53
butllar 17
butxaquejar 53

cabassejar 53
cabdellar 17
cabeçar 24
caber 15
cabestrar 17
cabestrejar 53
cablar 17
cablegrafiar 18
cablejar 53
caboriejar 53
cabotejar 53
cabrafigar 91
cabre 15
cabrejar 53
cabridar 17
cabriolar 17
cabussar 17
cabussejar 53
caçar 24
caciquejar 53
cadellar 17
cadenar 17
cadirejar 53
cadmiar 18
caducar 112
caduquejar 53
cagaferrar-se 17
cagar 91
cairar 17
cairejar 53
caironar 17
calabrotar 17
calabruixar 17

ironitzar 17
irradiar 18
irrigar 91
irritar 17
irrogar 91
irrompre 87
islamitzar 17
isocronitzar 17
isolar 17
isomeritzar 17
italianitzar 17
iterar 17

jactar-se 17
jalonar 17
jaquir 104
jaspiar 18
jaumetar 17
jaupar 17
jaure 66
jerarquitzar 17
jeure 67
joguinejar 53
jornalejar 53
jovenejar 53
jubilar 17
judaïtzar 17
judicar 112
jugar 91
jugular 17
júnyer (vegeu junyir)
junyir 104
juramentar-se 17
jurar 17
jurcar 112
justar 17
justejar 53
justificar 112
jutjar 53
juxtaposar 17

labialitzar 17
labiovelaritzar 17
laborar 17
lacar 112
lacerar 17

lacrar 17
lactar 17
laïcitzar 17
lamentar 17
laminar 17
lapidar 17
lapidificar 112
lasar 17
lassar 17
lateritzar-se 17
laudar 17
laxar 17
legalitzar 17
legislar 17
legitimar 17
lematitzar 17
lenificar 112
lesionar 17
levigar 91
levitar 17
lexicalitzar-se 17
libar 17
liberalitzar 17
licitar 17
liderar 17
lignificar 112
limitar 17
linealitzar 17
linxar 17
liofilitzar 17
liquar 81
liqüefer 42
liquidar 17
lisar 17
litigar 91
litografiar 18
lixiviar 18
llaçar 24
lladrar 17
lladreguejar 53
lladronejar 53
lladrunyar 17
lladruquejar 53
llagotejar 53
llagrimejar 53
llambrar 17

llambregar 91
llambrejar 53
llambroixar 17
llaminejar 53
llampar 17
llampegar 91
llampeguejar 53
llampugar 91
llampurnar 17
llampurnejar 53
llançar 24
llancejar 53
llanejar 53
llanguir 104
llarguejar 53
llassar 17
llastar 17
llastrar 17
llatinitzar 17
llaunar 17
llaurar 17
llavar 17
llaviejar 53
llavorar 17
llefardar 17
llegar 91
llegir 104
lleixar 17
lleixivar 17
llençar 24
llenegar 91
llengotejar 53
llenyar 17
llepar 17
llepolejar 53
llescar 112
lletrejar 53
lleudar 17
lleure 37
llevantejar 53
llevar 17
llibertar 17
llicenciar 18
lligar 91
llimar 17
llimutjar 53

vacunar 17
vagabundejar 53
vagar 91
vagarejar 53
vagassejar 53
vaguejar 53
vaiverejar 53
valdre 114
valer 114
validar 17
vallejar 53
valorar 17
valsar 17
vanagloriar-se 18
vanagloriejar-se 53
vanar-se 17
vanejar 53
vantar-se 17
vaporar 17
vaporitzar 17
varar 17
variar 18
variejar 53
variolitzar 17
vaticinar 17
vedar 17
vedellar 17
vegetar 17
vehicular 17
velar 17
velaritzar 17
velejar 53
vellotejar 53
vellutejar 53
velnegrar 17
vèncer 115
vencillar 17
vendre 116
venemar 17
venerar 17
venir 117
venjar 53
ventallar 17
ventar 17
ventejar 53
ventilar 17

ventolejar 53
verbalitzar 17
verbejar 53
verberar 17
verdassegar 91
verdejar 53
veremar 17
vergassejar 53
vergonyar-se 17
verguejar 53
verificar 112
vermellejar 53
verolar 17
verolejar 53
versar 17
versejar 53
versificar 112
vertebrar 17
vesar 17
vespreja 53
vessar 17
vestir 104
vetar 17
vetlar 17
vetllar 17
veure 118
vexar 17
viar 18
viaticar 112
viatjar 53
vibrar 17
viciar 18
victorejar 53
vidrar 17
vigilar 17
vigir 104
vigoritzar 17
vilipendiar 18
viltenir 83
vinclar 17
vincular 17
vindicar 112
vindre 117
vinificar 112
vintejar 53
vintenejar 53

vinyetar 17
violar 17
violentar 17
vionar 17
virar 17
virolar 17
visar 17
visionar 17
visitar 17
visualitzar 17
visurar 17
vitalitzar 17
vitrificar 112
vituperar 17
viure 119
vivificar 112
vobular 17
vocalitzar 17
vociferar 17
vogar 91
vogir 104
volar 17
volatilitzar 17
voleiar 55
voler 120
voletejar 53
voltar 17
voltejar 53
vomitar 17
vomitejar 53
vorejar 53
vorellar 17
voretar 17
votar 17
vuitantejar 53
vulcanitzar 17
vulgaritzar 17
vulnerar 17

xacar 112
xafar 17
xafardejar 53
xafarotejar 53
xafigar 91
xaiar 55
xalar 17